JN005262

BILLIE EILISH

ビリー・アイリッシュのすべて

Charles Conway 著
芝瑞紀・酒井章文・山本萌 訳

大和書房

ABOUT BILLIE EILISH
BY
Charles Conway

Copyright © 2020 by Charles Conway
Japanese original edition published by arrangement with
Linveco Ltd.through The English Agency (Japan) Ltd.

Billie's
Message

キャピタル・ワン主催102.7 KIIS FM's Jingle Ballでのステージ／カリフォルニア州ロサンゼルスThe Forumにて／2019年12月6日

いつも自信がなかった。

うまく話せなかったし、
ほかの子と同じようにできなかった。

みんな笑いかけられたら

笑い返さなきゃいけないって

思うみたいだけど、

それって、

自分の意思とは関係なく

「笑わされてる」ってことじゃない？

ドイツの音楽フェスMS Dockvilleでのインタビュー。この3日間のフェスで、多くの観客がビリーに夢中になった／ドイツ、ハンブルク、ウィルヘルムスバーグ／2019年8月16日

いつだってやりたいことがあったし、

自分を偽るのは得意じゃなかったから。

べつに、みんなを自分の

思いどおりにしようとかそんなんじゃない。

ただ、自分のしたいことをしたかっただけ。

Glamour Celebrates 2017 Women Of The Year Live Summitにて／ニューヨーク市、ブルックリン美術館／2017年11月13日

14歳のビリー・アイリッシュって聞いたら、
キラキラしてる私を想像するでしょ?
でも実際には、
14歳の私はほんとうにみじめだった。

レディング・フェスティバル2日目のメインステージにて／イギリス、レディング、Richfield Avenue／2019年8月24日

Music Midtown Festival（2日目）でのパフォーマンス／ジョージア州アトランタ、ピードモント公園／2018年9月16日

ほんとうにひどいうつ状態だった。

ひとりでいると、

粉々になりそうで。

1時間も耐えられないくらい

ヤバかった。

ファンのおかげで私がいる。

ガバナーズ・ボール・ミュージック・フェスティバル3日目でのパフォーマンス／ミューヨーク、ランドールズ・アイランド・パーク／2018年6月3日

Las Vegas Festival Grounds での「iHeartRadio Music Festival」にて。昼の部のステージに出演する前のビリー／ネバダ州ラスベガス／2019年9月21日

私がどんなふうに育ったか、
みんな勘違いしてる。
フツーに銃声とか
しょっちゅう聞こえてきたし。

いつもすごく苦しかった。
自傷行為をしてたのは何年も前だから、
いまはもう傷はないけど。

オースティン・シティ・リミッツ・ミュージック・フェスティバル（ACLフェス）1週目の2日目にて。ファンにハグするビリー／テキサス州オースティン、ジルカー・パーク／2019年10月4日

アメリカン・ミュージック・アワード2019にて／カリフォルニア州ロサンゼルス、マイクロソフトシアター／2019年11月24日

「Ocean Eyes」を聴いてると、頭の中に
フィニアスが入ってくるような気がした。
フィニアスが、直接私に何かを伝えてくる感じ。
それがすごく好きだった。

iHeartRadio ALTer EGOでのライブのビリーとフィニアス／カリフォルニア州イングルウッド、The Forum／2020年1月18日

みんなが私を気に入っても
気に入らなくても、どっちでもいい。

ラディカ・ジョーンズがホストをつとめるVanity Fair Oscar Partyに出席するフィニアスとビリー、カリフォルニア州ビバリーヒルズ、ウォリス・アネンバーグ・センター・フォー・ザ・パフォーミングアーツ、2020年2月9日

パパとママは私たちが
ほんとうに興味のあることにだけ
集中させてくれたんだ。

YouTube Music主催のBillboard Women In Music 2019に参加したビリー、フィニアス、パトリック、マギー／カリフォルニア州ロサンゼルス／2019年12月12日

あなたは私の体を
見たことがないのに、
勝手に判断して
私を決めつけようとする。

なんで？

Where Do We Go?　ワールドツアー初日。この日のステージで流れた映像は世界じゅうを駆け巡った。モノクロームの中で無言でシャツを脱ぎ、ブラジャー姿になりそのまま水の中に沈んだ。／フロリダ州マイアミ／2020年3月9日

CONTENTS

Part 1

国際的ゴミ散乱防止キャンペーン#KeepItBinItを支援して、ストリート・アーティストの描いた絵の前でポーズをとるビリー。Bramham ParkでのLeeds Festivalにて／イギリス、リーズ／2019年8月25日

私たちはクソ貧乏だった

ビリー誕生　LAで最も ヤバいエリア

Billie Was Born in the Most Dangerous Area of LA

Live 105 BFDでのパフォーマンス／カリフォルニア州コンコード、Concord Pavilion／2018年5月13日

LINE DO
TRAIGHT OUTTA

突然現れた脱力系18歳の怪物

2020年1月27日に米・ロサンゼルスで行われた第62回グラミー賞で、ひとりの若者が快挙を達成した。

18歳のビリー・アイリッシュが主要4部門（「年間最優秀楽曲賞」「年間最優秀アルバム賞」「年間最優秀レコード賞」「最優秀新人賞」）をはじめとする5冠に輝いたのだ。史上最年少、女性初の記録である。5部門制覇も、1981年にクリストファー・クロスがデビューアルバム『南から来た男』（邦題）とシングル「セイリング」で独占して以来。

兄・フィニアスとともに壇上に立ったビリーは、トロフィーを手にこうコメントした。

「初めてのグラミー賞でこんなことが起きるなんて、想像もしてなかった」

ほんの数年で瞬く間に大スターとなったビリー・アイリッシュだが、授賞式のスピーチの内容は驚くほど謙虚だった。

「この賞にふさわしい楽曲ってほかにもたくさんあるよね？　なんだか申し訳ない。ほんとうにありがとう！」

だぼだぼのファッションに髪はグリーン。だが、その奇抜な見た目からは想像できないほど、ビリー・アイリッシュの音楽は繊細でエモーショナルだ。クールなサウンドに隠されたダークな世界観は人々を魅了してやまず、「脱力系」ともいえるビリーの媚びない姿勢は、多くの若者に支持されている。

第62回グラミー賞のアフターパーティーにて（スポンサーはLenovo）
／カリフォルニア州ロサンゼルス、Rolling Greens Nursery／2020年1月26日

それはつまり、「みんなに愛される」「優等生」がスターになる時代が終わった、ということなのかもしれない。いまやインフルエンサーとして社会に大きな影響を与える存在となったビリーはいったい何者なのか？

ビリー・アイリッシュ、本名「ビリー・アイリッシュ・パイレート・ベアード・オコンネル」は2001年12月18日にカリフォルニア州ロサンゼルスで生まれた。ごちゃごちゃしながらもどこか魅力のあるこの不思議な名前は、まるでビリー・アイリッシュのこれまでの人生を表しているかのようだ。

残念ながら、本人は「ビリー」という名前が大嫌いだという。

「ビリーって聞くと、ヤギを思いだす。ビリー・山羊《ゴート》・オコンネルって感じしない？」

なぜなら、ビリーは絵本『The Three Billy Goats Gruff（邦題『3びきのやぎのがらがらどん』）』に登場する3匹のヤギの名前だからだ。

ビリーの両親、マギー・ベアードとパトリック・オコンネルは、ふたりでひとつの体を共有する双子を取材したアイルランドのドキュメンタリーを観て、「アイリッシュ」という名前を思いついたという。さらに、ちょうどその頃に亡くなったマギーの父親の名前をとって、「ビリー」と名づけた。真ん中の「パイレート」という名前がなぜついたのかは、よくわかっていない。おそらく、4歳年上の兄・フィニアスが小さい頃にビリーをそう呼んでいた、というあたりが正解だろう。

ビリー・アイリッシュは芸能一家で育った。父親のパトリック・オコンネルは、ロバート・ダウニー.Jr主演のマーベル作品『アイアンマン』（2008年）にレポーター役として出演し、DCコミックスのテレビドラマ『SUPERGIRL/スーパーガール』にもゲスト出演したことのある俳優。母親のマギー・ベアードも女優で、ゲームの声優や演出指導、作曲もこなしている。

しかし、ふたりとも決して役者として有名なわけではない。ほとんどがテレビドラマの端役、地元の劇場への出演、ナレーションといった“ちょっとした仕事”だった。

パトリックいわく、「ぼくらはほとんど（俳優として）仕事らしい仕事はしてなかった」

Milano Rocksでのパフォーマンス／イタリア、ミラノ／2019年8月31日

足を傷め、スタッフにおんぶされてステージに登場するビリー。Milano Rocksのステージにて／イタリア、ミラノ／2019年8月31日

LAで最もヤバいエリア

ビリーが生まれると、さすがに役者だけでは生活していけなくなり、パトリックは便利屋、マギーはエアリアルダンスのインストラクターとして働きはじめた。家を買い、それをリノベーションして転売するという事業もはじめるが、2007年にアメリカを襲ったリーマンショックで一家は何もかもを失ってしまう。マギーが「あの頃はほんとうに大変だった」と言うように、幼かったビリーも一家の困窮ぶりを肌で感じていたようだ。

「私たちはクソ貧乏だった」

当時、一家が住んでいたあたり（現在のハイランドパーク）はLAのなかでも一、二を争うほど貧しく、危険な地区だった。

街に面したサンラファエル・ヒルズでは、何十年にもわたってギャングの暴力が横行していた。メキシコ系のストリーギャングとアフリカ系のギャングが抗争をくり広げ、メキシカンマフィアの傘下でもある〈アヴェニューズ〉の構成員は1000人いたともいわれている。いまこの瞬間に撃ち殺されてもおかしくないと語るメンバーのひとりは、11歳でギャングになったという。道路のいたるところにスプレーで書かれた名前は、そこで殺された人のものだ。

6歳のビリーにも自分の住んでいるところがどういう場所なのかがよくわかっていたという。

「ハイランドパークはいまじゃ人気の地域だけど、私が子どもの頃はぜんぜんあんな感じじゃなかった。フツーに銃声とかしょっちゅう聞こえてきたし」

LAに住む芸能一家というだけでよく誤解される、とビリーは語る。「私がどんなふうに育ったか、みんな勘違いしてる。LAって聞くだけでそこそこお金のある家の子だと思うかもしれないけど、ぜんぜんちがうよ」。フィニアスが10歳になるまで、一家は同じベッドで寝ていた。

やがてパトリックは俳優を辞め、おもちゃ会社〈マテル〉のウッドショップで働くようになったが、それでも一家の生活は苦しいままだった。パトリックは当時のことを「仕事は楽しかったけど、思いどおりにいかない人生に落ちこんでた。いつもみじめな気分だった」と言っている。

「パパとママは映画スターって感じじゃなかった。もっとちゃんとした仕事をしてほしいって思ってた」。ビリーはこう言いながらも、彼らの仕事を心から尊敬している。

「俳優ってめちゃくちゃ変な仕事だよね。何年も何年もやって、世界一の役者になっても役がもらえないこともあるのに、たいしたこと

シカゴで開催されるロックフェス「ロラパルーザ」の1日目に出演／イリノイ州シカゴ、グラントパーク／2018年8月2日

「いま思うと、3歳の頃からずっとビリーは“態度のデカいビッチ”だったよ（笑）。それでいて、想像力にあふれてて、とにかくセンスがよかった。動物のおもちゃを使って、友だちとよく映画みたいなものをつくってたな」

ファッションセンスについても、子どもの頃からビリーの個性は爆発していた。そんなビリーをいちばん近くで見てきた兄だからこそ、フィニアスは彼女のセンスやこだわりを信じている。

「ビリーは“ビリー・アイリッシュ”として有名になる前から、クレイジーな格好をしてた。『ねえ、このゴミ袋ヤバくない!?』とか言ってゴミ袋かぶったりしてさ。アーティスティックな意味で自分が何を求めているのか、ビリーははっきりとわかってるんだ。ほかのことはまるでダメだけど、照明と音楽とファッションについては、ビリーには強いこだわりがある。驚くほどにね」

学校には行かずホームスクール

これはいまでも同じだが、ビリーは“ボス体質”である半面、とても繊細なところがあった。ビリーは幼い頃、深刻な「分離不安障害」だった。分離不安障害とは、親がそばにいないとすぐに不安になったり、知らない場所に連れていかれるとパニックを起こしたりする障害のことをいう。通常、生後6カ月から3歳くらいの子どもに見られるのだが、ビリーはある程度大きくなってもその症状に悩まされていた。10歳までひとりで寝ることができなかったのも、そのせいだ。

さらに「異食症」という問題も抱えていた。「小さい頃は血の味が好きだった。硬貨とか鉄の棒とかの味」。とくに汚れたアクセサリーを舐めるのが好きだったというビリーは、よく鉄分を多く含んだサプリを飲まされていたという。

「よくコインをちゅうちゅう吸ったり、鉄棒を舐めたりしてた。いま思うと、マジでバカだよね」

また、ビリーは「共感覚者」でもある。共感覚者とは、ひとつの刺激から複数の感覚が引き起こされる知覚現象を持つ人のことをいう。文字を見ると色が思い浮かんだり、味や匂いに形を感じたりすると言われており、モーツァルトやレオナルド・ダ・ヴィンチ、スティーヴィー・ワンダー、マイルス・デイヴィスなども共感覚者として知られている。

Mo Pop Festival（1日目）でのパフォーマンス／ミシガン州デトロイト、ウェスト・リバーフロント・パーク／2018年7月28日

ビリーのたとえを借りると、フィニアスにはオレンジ色の三角形が見え、「フィニアス」という名前（文字）はダークグリーンに見えるそうだ。

「私のまわりの人はみんな、その人だけの色と形と数字を持ってる。それが頭に浮かぶんだ。私にはふつうのことだよ」

ビリーの言うように、共感覚を持つ人はそれがあたりまえのことだと思っていることが多く、自分が共感覚者であるという認識を持たないまま生活している人も少なくない。

「『bad guy』は黄色っぽい赤で、数字は7。熱いんじゃなくてあたたかい感じ。オーブンみたいにクッキーの匂いがする」

ビリーの場合、共感覚が制作に大きな影響を与えていると言えるだろう。

ビリーとフィニアスの兄妹は、学校に通わずに育った。それはパトリックとマギーの型破りな教育方針のためだ。フィニアスが生まれた1997年、ハンソンの「MMMBop（邦題「キラメキ☆MMMBOP」）」が大ヒットした。ハンソンはオクラホマ出身の3兄弟からなるバンドで、そのルックスとポップな音楽性から、当時、世界じゅうで話題になった。

パトリックも彼らの影響を受けたミレニアル世代のひとりだ。「完全にぶっとばされた。あの子たちはオクラホマのホームスクールで育ったのに、世界に羽ばたいたんだ。興味のあることを好きなだけ追求して育った結果だよ」。パトリックとマギーは自分たちの子どもを学校に通わせないと決めていた。ホームスクール以外の選択肢はなかったのだ。

ここ数年、ホームスクールを受ける子どもは少しずつ増え、現在、アメリカの学習児童の約3%がホームスクール生だと言われている。その理由はさまざまだが、オリンピックを目指す若いスポーツ選手やプロとして活躍する若いアーティストのための学習方法として選ばれることも多い。

また先天的に高い知能を持つ子どものためにハイレベルな教育を受けさせるギフテッド教育も、そのほとんどがホームスクーリングである。最近は、ビリーたちのように両親の教育方針として自宅学習を選ぶ家庭も増えてきているという。

「私はずっとホームスクールで育ったから、学校がどんなものか知らない。フィニアスもそう。いつも一緒に勉強してた。ホームスクールってマジでおもしろいよ。パパとママは私たちがほんとうに興味のあることだけに集中させてくれたんだ」

ビリーも、自分の創造力《クリエイティビティ》が育ったのは両親の教育方針のおかげだと言っている。

「学校に行って、自分には必要ないこと……あとで思い出すこともな

ければ、使いもしないようなものを詰め込むんじゃなくてね」

無理に押しつけられることもなく、興味を持ったことだけをやらせてもらえたことが、ビリーの才能を開花させたのだ。

アメリカには、地域ごとにホームスクールで学んでいる子どもをサポートする協同組合のようなものがある。ビリーの住んでいた地域でも、ホームスクールの子どものためのイベントが開かれていた。「パーク・デイって言ったかな。2週間に1度、火曜日に子どもたちが集まるんだ。そこには必ず行ってたよ」。地域で行われたイベントのなかには、両親が主催したキャンプもあった。でもそれは、ビリーの最悪な思い出のひとつなのだという。

その日、ビリーはほかの子どもたちといっしょに、キャンプ場の周りを散歩していた。「友だちとそのへんをぶらぶら歩いてると、野原の向こうにシカがいるのが見えたんだ」。すると、一人が突然「髪のなかにハチがいる！」と言って騒ぎはじめた。

はじめは「大げさなんだよ」と思っていたビリーだったが、その子が叫びながら親のいる場所に走っていくのを見て、引き返すことにした。「そしたら、別の子がまた『ハチだ！』って叫びはじめて。私はとっさにその子を助けに行こうとした。するとちがう子も『ハチがいる』って言い出して……ホラー映画みたいだった」。

気がつくと、ビリーの周りはハチだらけだった。「そこらじゅうでハチが飛んでて、私も頭と人差し指の爪のあいだを刺された」。1度刺しても死なないので、ビリーはスズメバチだとすぐにわかったという。ビリーたちは鹿を追いかけながら、知らない間にスズメバチの巣を踏んでしまったのだ。

「一気に20匹くらいのハチが私たちの頭を刺してきたんだ。ほんとうだよ。みんなギャアギャア叫んで……マジで最悪な思い出」

Music Midtownの2日目に出演／ジョージア州アトランタ、ピードモンドパーク／2019年9月15日

キャンディソーダとゲーム

ハイランドパークにはビリーのお気に入りの店がいくつかある。そのひとつが〈Galco's Soda Pop Stop〉。ハイランドパークに住んでいる人なら誰でも知っている老舗のソーダ専門店で、店内には450種類のクラフト・ビールと約60種類のソーダ、そして昔ながらのお菓子やおもちゃが並んでいる。ビリーも〈Galco's Soda Pop Stop〉の常連だったという。

「キャンディ売り場があって、よくニックルニップス（Nik-L-Nips）を買ってた。ワックスでできた小さなソーダの形のパッケージに入ってて、いろんな色があるんだ。上のところを噛みちぎって、中のジュースを吸うの……ちょっとキモいね（笑）。でも、最高だった」

ビリーにもほかの子と同じように、ハマっていたゲームがある。

「よくやってたのは、〈イロミロ〉かな。そんなにメジャーなゲームじゃないけど。めっちゃ好きだった」。〈イロミロ〉（ilomilo）は2011年にXbox向けに配信された3Dパズルゲームだ。イロとミロというキャラクターを主人公に、ふたりをパズルの中で引きあわせてステージをクリアしていく。

見た目はかわいく絵本のような世界だが、難易度は意外と高い。

「めちゃくちゃかわいいんだよ。クリアすると、ふたりがハグして、ちょっと踊るの」。ただそれだけのゲームなのだが、ビリーはこのゲームのコンセプトについてこうも言っている。

「つまりこのゲームのコンセプトって、

愛する人を失ってからもう一度見つけ出すことなんだ」

ビリーはこのゲームの奥深さにどハマりしたという。デビューアルバム『WHEN WE ALL FALL ASLEEP, WHERE DO WE GO?』に収録されている「ilomilo」はこのゲームにインスパイアされた楽曲だ。
“And I don’t wanna be lonely（孤独にはなりたくないの）/So show me the way home（家までの帰り道を教えて）/I can’t lose another life（もう命を失うことはできないから）”

この歌詞からも、自分と恋人をイロとミロに重ね合わせていることがわかる。孤独になりたくないという心情を、ゲームの世界観にのせて描いた、ビリーらしい一曲だ。

「あとは、〈レッド・デッド・リデンプション〉も、けっこうやってた。めっちゃ難しかったけど」

〈レッド・デッド・リデンプション〉は2010年に発売されたアクションゲーム。レッド・デッドシリーズの2作目で、西部開拓時代を思わせるアメリカを舞台にした世界観とクオリティの高さから、いまだに根強い人気がある。

ビリーが〈レッド・デッド・リデンプション〉にハマった理由、それは、馬に乗るゲームだったから。ビリーは昔から、馬に特別な愛着を持っていて、10歳のときには厩舎で馬の世話をしながら乗馬のレッスンを受けていた。だが、ふた夏を過ぎたころ、ビリーは突然乗馬をやめた。「貧乏なのに厩舎にいるのが耐えられなかった」のだ。

アメリカン・ミュージック・アワード2019でのパフォーマンス／カリフォルニア州ロサンゼルス、マイクロソフトシアター／2019年11月24日

「乗馬をするようなやつは貧乏人を好きじゃない」

ビリーは、ジャッキー・Oという雌馬をずっと世話していた。ところが、あるとき金持ちの子がやってきて、ビリーが乗るはずだったのに、その子がジャッキー・Oに乗ることになった。

馬の世話係よりも金を払う客が優先されたことにビリーは憤慨し、それ以来、乗馬をしなくなったという。それでも、厩舎には通い続けた。大好きな馬の世話をどうしても続けたかったのだ。

LOUIS VU

02 Shepherd's Bush Empireでのライブ／イギリス、ロンドン／2019年3月4日

SiriusXM Studiosを訪れたビリー／ニューヨーク市／2018年9月10日

Celebrities Visit SiriusXMのイベント／ニューヨーク市、SiriusXM Studiosの'Alt Nation'／2018年11月5日

Billie's Necklace Collection

ビリー・アイリッシュのアイコンblōhsh（ブローシュ）のネックレス。

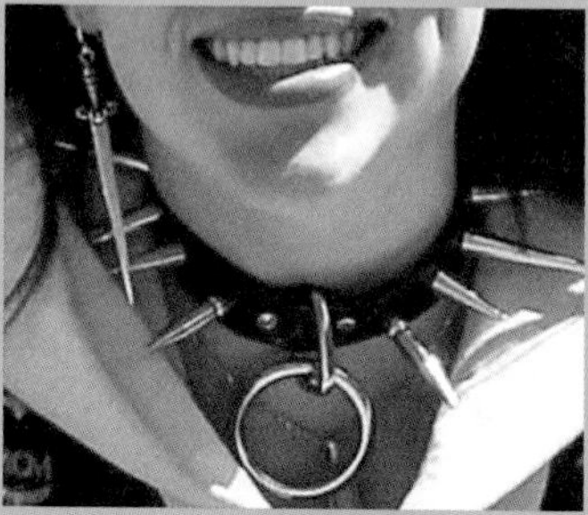

凶器レベルの首輪ネックレス。ピアスもおそろい！

ありったけのチェーンを首に巻いただけなのにさまになるのがビリー流。

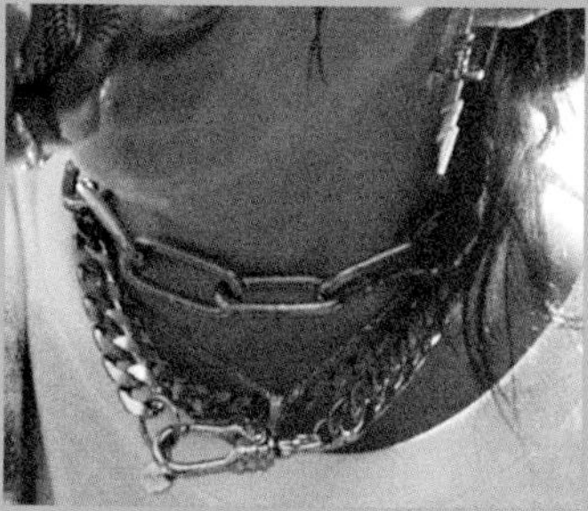

チェーンネックレスはライブで飛び跳ねると額を直撃するのがビリーの悩み。

第62回グラミー賞では、全身GUCCIスタイルでも首にはblōhsh（ブローシュ）。

ビリーはゴージャスなジュエリーではなくスチールが好き。

Billie's Nail Collection

第62回グラミー賞のアフターパーティーでは、ビリーのヘアーカラーネイルだった。

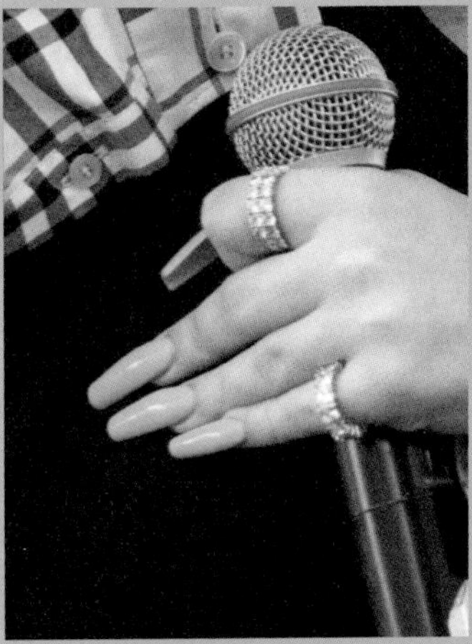

ビリーの代名詞となったグリーン。グリーン一色のネイルもインパクト大。

ド派手なイメージのビリーだが、ダウナーっぽさもしっかり見せてくれる。

全身CHANELで登場した第92回アカデミー賞授賞式ではアッパー感あるブラックにストーン。

Part 2

少女時代の光と闇と苦悩

Light and Shadow, Unstable Feeling in Billie's Girlhood Days

Okeechobee Music and Arts Festivalでのパフォーマンス／フロリダ州オケチョビー／2018年3月3日

みんなと同じようにできない

フローレンス・アンド・ザ・マシーンのライブに出演／ノースカロライナ州シャーロット、スペクトラム・センター／2018年10月3日

Electric Picnic Music Festivalのステージ／アイルランド、ストラドバリー、Stradbally Hall Estate／2019年8月30日

音楽漬けファミリーの暗黙の約束

ビリーの家族にとっていちばん大切なものは、いつだって音楽だった。

「うちはほんとうに音楽一家。やりすぎじゃない？ってくらい」。

家族みんなで車に乗っていると、誰かが窓をトントン叩きはじめる。するとほかの誰かがそのリズムに合わせてハミングをはじめ、さらにそれに合わせてみんなで手拍子をして、即興の曲をつくっていく……。そんなTVコマーシャルのような風景が、ビリーたちにとって日常だったという。

「私たち家族にとってはそれがあたりまえだったから、そういうことをまったくしない家族に会うと、信じらんない！って思う」

ビリーの家には3台のピアノをはじめ、さまざまな楽器があった。パトリックとマギーは子どもたちに好きなように楽器を触らせ、どんな音楽でも聞かせた。

また家族のあいだでは、「誰かが演奏しているときは寝ちゃいけない」という暗黙のルールがあったという。そのことからも、一家がどれだけ音楽を大事にしてきたかがわかる。

ビリーがはじめて作曲をしたのは4歳のとき。「真っ暗な穴に落ちる歌をつくったのを覚えてる。曲自体はすごく明るいんだけどね……『穴に落ちる《ダウン》、落ちる《ダウン》、落ちる《ダウン》』みたいな感じ」。自宅でレコーディングまでしたというから驚きだ。

両親の英才教育のおかげもあり、フィニアスとビリーは音楽の才能をみるみる開花させていった。6歳のとき、ビリーは地元のコンクールでビートルズの「ハッピネス・イズ・ア・ウォーム・ガン」を演奏し、その歌声を披露している。6歳の少女がこの曲を選んだことに、両親も周りの大人たちもとても驚いたという。

8歳になったビリーは、ロサンゼルス少年少女合唱団（LACC）に入る。LACCは、30年以上の歴史を持つアメリカトップクラスの合唱団。団員は6歳から18歳まで400人に及ぶ。発声法の基礎が身についていないと入団が認められないのだが（たいていが入団前からプロの声楽家のレッスンを受けている）、ビリーはフィニアスとともに独学でLACCへの入団が認められた。

「合唱団で歌い方を学んだんだ。教わったことのほとんどは『合唱』のテクニックだったけど、おかげで正しい発声法を身につけられた」

ビリーはこの合唱団の一員として国内外をまわり、オペラ『カルメン』などの公演にも参加した。また、合唱団のツアーで2016年7月1日から9日のあいだに東京、京都、広島を訪れている。

ビリーは演技に挑戦したこともある。しかし、オーディションを2回受けたものの、すぐに自分に向いてないとわかり、まったく夢中になれなかったという。

Part 2

「オーディションはほんとうに居心地が悪くて、逃げ出したくてたまらなかった。子役って同じような子ばっかりなんだ。みんなサイコパス」

セントラル長老派教会で歌うビリー／テキサス州オースティン／2017年3月16日

リスペクトするアーティストたち

ビリーが最初に影響を受けたのは、父親のパトリックが教えてくれた音楽だった。

「パパはよく、自分のおすすめの曲を集めたミックステープをつくってくれた。アヴリル・ラヴィーン、リンキン・パーク、グリーン・デイ……それから、ありったけのビートルズ」

パトリックは、1960〜2000年代の幅広いジャンルの音楽をビリーとフィニアスに聴かせた。なかでも、兄妹のお気に入りのアーティストはグリーン・デイだったという。

「グリーン・デイは人生を変えてくれた。いまでも私にとって最高のアーティスト」

1994年にメジャーデビューしたグリーン・デイは、パンクバンドとして世界の音楽シーンを牽引してきた。彼らの曲に見られる社会に対する痛烈なメッセージは、多くのキッズに衝撃を与えた。それは、パトリックやビリー、フィニアスにとっても同じだった。

ビリーは、2019年にローリング・ストーン誌でグリーン・デイのボーカル、ビリー・ジョー・アームストロングとの対談を果たしている。ビリーの携帯のホーム画面がずっとグリーン・デイだったこと、兄のフィニアスがビリー・ジョーにあこがれていたこと、はじめて自分の

ヤング・ハリウッド・スタジオにて　カリフォルニア州ロサンゼルス　2017年9月27日

ライブにビリー・ジョーが来ていると知ったときには自意識過剰でおかしくなりそうだったこと……。ビリーはビリー・ジョーへの思いを次から次へと興奮気味に語った。

いまや、ふたりはインスタグラムをフォローし合い、互いにSNS上でやり取りをする仲だが、ビリー・ジョーがビリー・アイリッシュにとっての"ヒーロー"であることは変わらない。

ビリーはまた、もっとも影響を受けたアーティストとして、エイミー・ワインハウスの名を挙げている。エイミー・ワインハウスは19歳のときにアルバム『Frank』でデビューし、2008年に『Rehab』で大ブレイクしたシンガーソングライターだ。奇抜なファッションや飾らない人柄で多くのファンを魅了したエイミーだが、ドラッグやアルコールの過剰摂取でたびたびメディアを騒がせ、2011年7月、27歳でその短い人生を終えた。死因はアルコール中毒だった。

ビリーも、そんなエイミーに取り憑かれたひとりだ。

「エイミーは、自分をよく見せようとしたり、都合のいい嘘でごまかそうとしたりしない」

ビリーにとってエイミーがつくりだしたものはすべて本物だった。

こうして、ビリーの音楽の好みは少しずつ広がっていった。やがて彼女は現代的なロックだけでなく、アメリカの音楽と文化の象徴であるヒップホップにも興味を抱きはじめる。

「一時期、プレイン・ホワイト・ティーズとトゥエンティ・ワン・パイロッツにハマってて、それでラップとかヒップホップとかのジャンルに興味がわいたんだ」

アメリカのポップ・ロックバンド、プレイン・ホワイト・ティーズは、2006年に発売されたアルバム『Every Second Counts』で150万枚という驚異の売り上げを叩き出した。いまだに若者のファンが多いが、20年以上ものキャリアをもつベテランアーティストだ。

一方、トゥエンティ・ワン・パイロッツはプレイン・ホワイト・ティーズの少しあとにブレイクした2人組のロックバンドである。2015年には4枚目のアルバム『Blurryface』でグラミー賞を獲得。その授賞式にパンツ姿で登場したことも話題を集めた。

どちらも、ヒップホップ色の強い音楽性が特徴で、とくにトゥエンティ・ワン・パイロッツの楽曲にはよくラップが登場する。ビリーはそんな彼らの曲を聴き、「古い音楽やメロウな音楽とミックスされてて驚いた。ヒップホップはポエムなんだって気づいた」と言う。そして、新たな表現方法にのめり込んでいった。

「ラップの何が面白いって、どんなにあたりまえのことでも、ラッパーがリズムに乗せて口にするだけで、こっちは新しい何かを聴いてる気分になっちゃうところ。ラップにはそういう力がある」

韻《ライム》を踏みながら自分を表現するラップに魅せられたビリーは、尊敬しているラッパーとしてタイラー・ザ・クリエイターやチャイルディッシュ・ガンビーノの名を挙げている。

VIP
2018

ボナルー・フェスティバル「Which Stage」でのパフォーマンス／テネシー州マンチェスター／2018年6月9日

Las Vegas Festival Groundsでの「iHeartRadio Music Festival」にて。昼の部のステージに出演するビリー／ネバダ州ラスベガス／2019年9月21日

オースティン・シティ・リミッツ・ミュージック・フェスティバル（ACLフェス）でのライブ／テキサス州オースティン、ジルカー・パーク／2019年10月12日

11歳、気がついたら作曲していた

パトリックとマギーは、子どもたちの創造性《クリエイティビティ》を伸ばすためならなんでもした。ビリーはよく、パトリックがつくってくれたツリーハウスによじ登り、そこから近所を見渡しながら曲をつくった。

ビリーがはじめて作詞をしたのは、11歳のとき。「何かがふと頭に浮かんで、それをどんな言葉にしようか迷ってたら歌詞になったって感じ。『さあ、これから歌詞を書こう』って感じじゃなくて、気づいたら書いてた」

ホームスクールではマギーが作詞を教える授業があった。なんでもいいから頭に浮かんだものを書き出し、そこから自分の好きなように言葉を並べていく、という授業だ。「ママに教わったおかげで、歌詞を書くことのむずかしさがよくわかった」。ビリーはこの授業があったからこそ、自分の思いを詩に乗せて表現できるようになったと語っている。

「ママの授業がなかったら、いま頃どうでもいいことしか歌えてなかったと思う」

当時、テレビドラマ『ウォーキング・デッド』にどハマりしていたビリーは、“世界の滅亡”をテーマに歌詞を書き上げた。やがてその歌詞は「Fingers Crossed」という曲になって発信される。だが、

「この曲のほんとうの意味は誰もわかってない」

とビリーは言う。「みんなには“恋する苦しみを歌ったラブソング”って思われたんだ。全然ちがうのに。いまだにこの曲のファンだって言ってくれる人はいっぱいいるけど、なんか変な感じ」
ビリーは、ゾンビが世界を滅亡させる曲として『Finger Crossed』をつくったつもりだった。

「でも、もうどっちでもいいかなって。『Finger Crossed』がラブソングなのか、ゾンビの歌なのかは、私が決めることじゃないって思ってる」

ところで、「Finger Crossed」がサウンドクラウドにアップされたのは、曲の完成から1年後のことだ。ビリーはなぜ、11歳の終わりにつくりあげたこの曲をすぐに発表しなかったのだろう？　それには12歳になったビリーの心情が関係している。
それまでのビリーにとって、曲をつくったり歌ったりするのは特別なことではなかった。ところが、12歳のときに連れて行かれたミュージカル『マチルダ』を見て、ビリーは衝撃を受けた。
「はじめはミュージカルなんてぜんぜん興味なかった。内心、楽しくもなんともなかったんだけど、見てるうちにだんだん引きこまれていって……」
舞台が終わり、俳優たちが並んでお辞儀をして、マチルダ役の子が頭を上げたとき、観客全員が立ち上がって拍手した。そのときは

ワーナー・ブラザース『エブリシング（Everything,Everything）』の上映会にて／カリフォルニア州ロサンゼルス、ハリウッド、チャイニーズ・シアター／2017年5月6日

ビルボード・ミュージック・アワード2017とELLEのコラボイベントにて／カリフォルニア州ロサンゼルス、YouTube Space／2017年5月16日

じめて、ビリーは人前で歌うということを意識したという。

「思わず涙がこぼれた。私の夢も、ステージに立ってみんなから拍手してもらうことだったんだって、はじめてわかった」

12歳のビリーに衝撃を与えた人物がもうひとりいる。

「AURORAの『Runaway』のミュージックビデオを見て、はっとした。『私がやりたいのはこれなんだ』って思った」

ノルウェーを拠点として活躍しているAURORAは、ソングライティングはもちろんのこと、プロダクションも自らこなすアーティストである。2015年に発表した「Runaway」は1億回というストリーム再生数を叩き出し、2019年にはディズニー映画『アナと雪の女王2』のメインソング「イントゥ・ジ・アンノウン」にゲスト参加するなど、いま、最も注目されている若手アーティストのひとりだ。

その世界観で唯一無二の存在感を放つ彼女の影響力は、次世代を担う若手アーティストたちにも広がっている。そんなAURORAが、アーティストとしてのビリー・アイリッシュが誕生するきっかけとなった。ビリーはこの1年を通して、自分の音楽を世の中に発信し、誰かの前で歌って拍手してもらう自分の姿を思い描くようになっていた。

ボディコンプレックス

演技には興味を持てなかったというビリーだが、ダンスには夢中だった。タップダンス、ジャズ、クラシックバレエ……。ダンスはビリーにとって、曲をつくるのと同じくらい大事な自己表現だったという。

「ダンスをして、曲をつくる。そのふたつを組み合わせれば、いつだって自分を表現することができた」

ビリーはいまでも、ミュージックビデオやライブでダンスを披露している。

有名なダンスグループに入ったビリーは、"普通の学校に通っているとっても可愛い女の子たち"に囲まれて、週に11時間はダンスの練習に明け暮れた。しかし、その頃のことをビリーは「たぶん、人生でいちばん不安定な時期だった」と語る。

「いつも自信がなかった。うまく話せなかったし、みんなと同じようにできなかった」

ビリーは自分の体型に大きなコンプレックスを抱えていて、昔から体のラインが見える服を着るのが大嫌いだったという。

「ダンスをするときって、みんなぴったりした服を着るでしょ？でも私はいつも体型を気にしてたから、嫌で嫌でたまらなかった。鏡を見るのも嫌だった」

2015年秋、「Fingers Crossed」とそのあとにつくられたビリーの新曲「sHE's brOKen」がサウンドクラウドにひっそりとアップされた。ビリーの名が世に知られるきっかけとなった「Ocean Eyes」が制作されたのは、その直後のこと。「Ocean Eyes」はもともとフィニアスがバンドで演奏していた曲だった。

「10月だったかな。ある日、フィニアスが私の部屋に入ってきて『Ocean Eyes』の話をするから、ためしに歌ってみたんだ。そしたら私の声と曲の相性がめちゃくちゃよくて、ほんとうにびっくりした。フィニアスはマジで天才だよ」

ふたりはいつものように、自宅のベッドルームですぐにレコーディングをはじめる。そのとき、ビリーはちょうどダンスの発表会で使う曲をつくろうとしていたが、完成した「Ocean Eyes」を聴いてすぐに「この曲だ」と確信したという。

「『Ocean Eyes』を聴いてると、頭の中にフィニアスが入ってくるような気がした。フィニアスが、直接私に何かを伝えてくる感じ。それがすごく好きだった」

ビリーは曲に合わせて軽く踊ってみた。ダンスに使える曲かどうかを確かめるために。

11月19日午前3時、ビリーは「Ocean Eyes」をサウンドクラウドにアップした。誰でもダウンロードできるように、〈ダウンロードを許可する〉をクリックすることも忘れなかった。それから、ダンスの先生にメールでサウンドクラウドのリンクを送ってから、ビリーはベッドに入った。

翌日の午後、「Ocean Eyes」の再生回数とシェア数が大きく伸びていることに気づいたフィニアスは、すぐにビリーに報告した。

「正直、たった半日でなんであんなに再生回数が伸びたのか、いまでもよくわかってない。スターバックスでフィニアスが『見ろよ、再生回数1000回だ』って言ったのをよく覚えてる」

だがそのときは、ふたりともこれが自分たちの人生を大きく変えるきっかけになるとは夢にも思っていなかったという。

「ただ、すごいって思ってただけ。いま思えば1000回なんてたいしたことないんだけど、そのときはマジですごい数に思えたんだ。私たちがつくりだした数字なんだって思うとうれしかった。で、そのあとも再生回数はどんどん増えていった。ほんとうに……途方もないくらい！」

Fabriqueでのライブ／イタリア、ミラノ／2019年2月21日

Music Midtown Festival（1日目）で、サーティー・セカンズ・トゥー・マーズのジャレッド・レトと共演／ジョージア州アトランタ、ピードモント公園／2018年9月15日

Billie's Sunglasses Collection

顔の半分を覆うビッグサイズグラスもビリーだから似合う。

オスカーパーティーにふさわしい存在感あるサングラス。

第62回グラミー賞授賞式ではサングラスもクール。

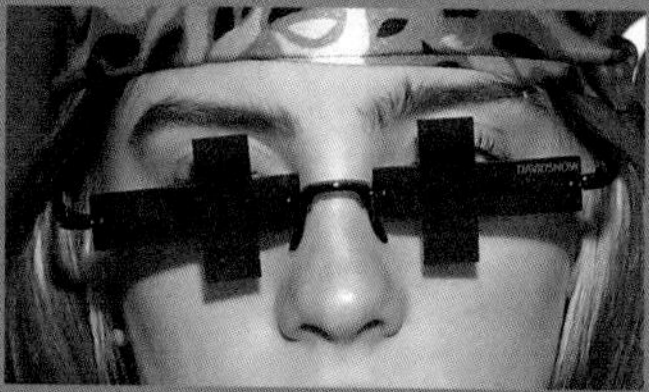

インパクト絶大なクロス形のサングラス。

この日は頭から足の先まで蛍光グリーン。

ロカビリーなスタイルなのにミルキーピンクのフレームが♡

80年代のヤンキーなグラスもレトロかっこいい！

ビリーの必殺技である上目遣いにはこのタイプがいい。

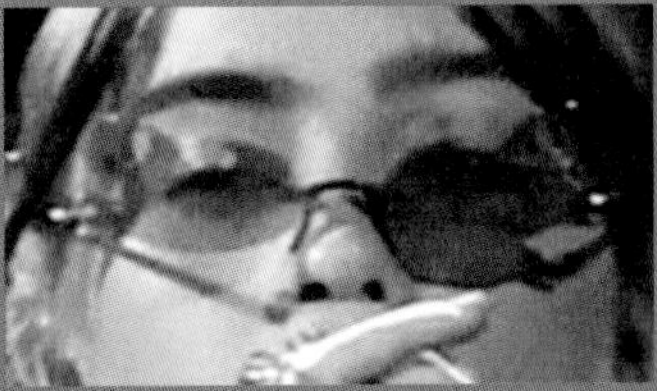

色付きメガネもビリーがかけるとおしゃれにみえる。

GUCCI主催のLACMA Art + FilmフェスでもちろんGUCCI。

真っ黒なレイバンタイプもクレバーなイメージに。

近未来感たっぷりだけど、この日のファッションはアニメ！

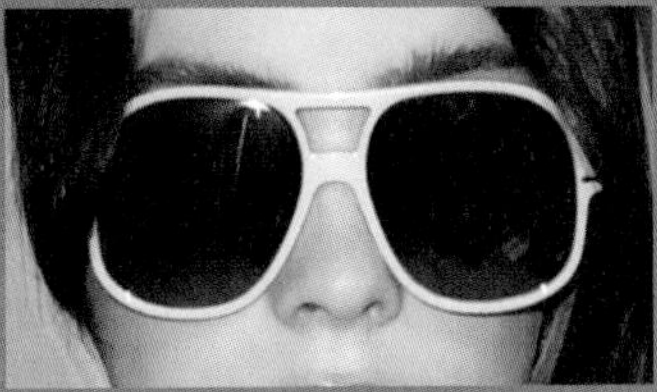

黒レンズにヌーディーカラーのフレームにセンスが光る。

オレンジレンズに細いフレームにインテリジェンスを感じる。

ほとんどゴーグル!?　雪山にいるみたいだけど授賞式。

ビリーのパワフルなステージにはアスリートグラスが似合う。

Billie's Mask Collection

ビリーといえばマスクといってもいいくらいマスクが好き。

ビリーカラーのマスク。泣いてるようにも見える？

第62回グラミー賞授賞式では黒とグリーンだけで全身GUCCI。もちろんマスクもGUCCI。

美しいマスク。でも首から下はストーンスカルのゴスファッション。

リュクス感たっぷりだけど、養蜂かの防護帽子ですって。アメリカン・ミュージック・アワード2019にて。

The Billie Eilish Experienceイベントでは気合の入りまくったVUITTONバフ？

GUCCIのモフモフマスク。シュールすぎてカッコイイ。

Billie's Shoes Collection

スニーカーも大きめが好きなビリーだが、たまにはスリムなものも。

Netflixのドラマ『13の理由』プレミア試写会で。

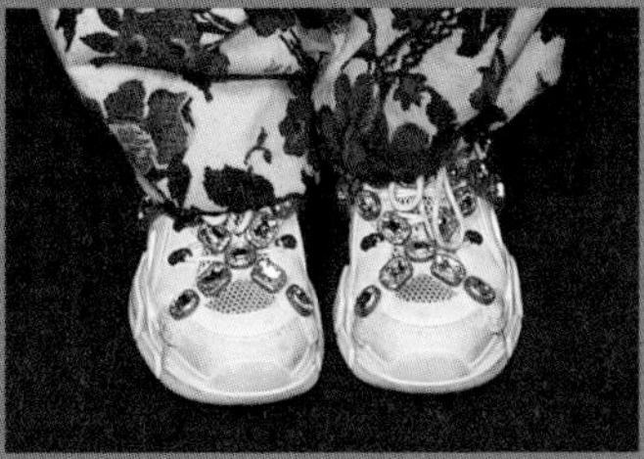

スニーカー好きのビリー。中でもGUCCIのスニーカーは大好物。

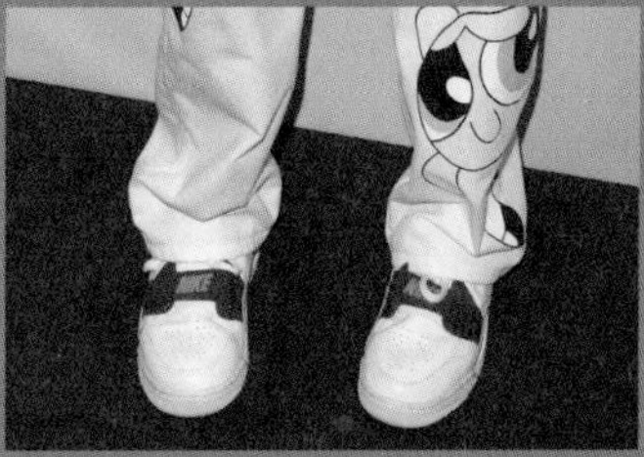

『パワーパフガールズ』のスウェットに合わせたスニーカー。

ヌーディーな厚底スニーカーもクール。プラダファッションに合わせて。

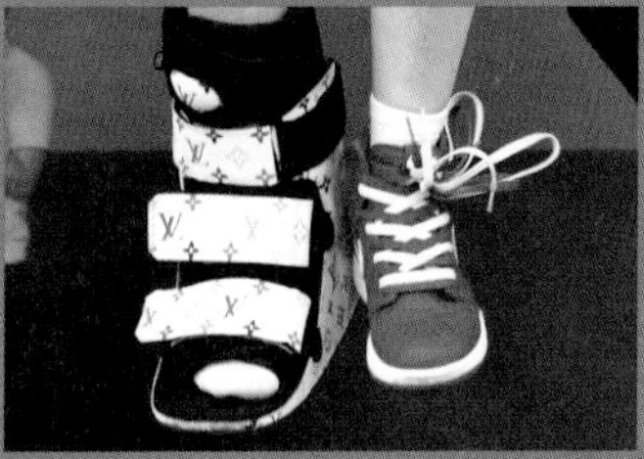

VUITTONのギブスシューズ。ねん挫しながらもライブではジャンプパフォーマンス披露。

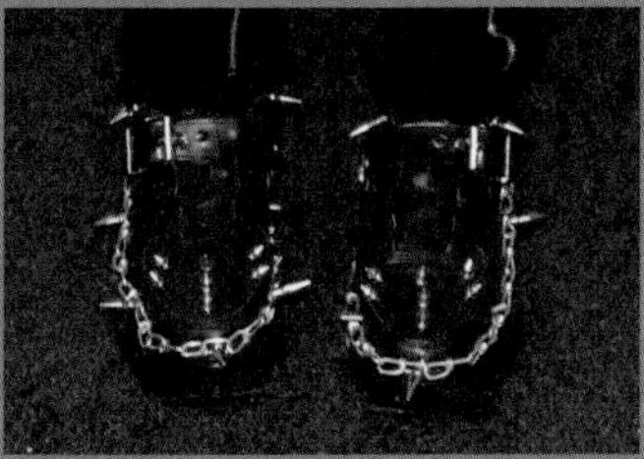

蹴られたら絶対ヤバイやつ。左ページ・左下のときの靴。ゴスファッションもいける。

ビリーはファッションだけでなく、スニーカーもオーバーサイズが好き。

Radio 1 Big Weekend
でのパフォーマンス／
イギリス、ミドルズ
ブラ、Stewart Park／
2019年5月25日

Part 3

売れているのに、みじめだった

天才誕生と居場所探し

A New Star Is Born and Finding Herself

Radio 1 Big Weekendのライブで歌うビリー／イギリス、ミドルスブラ、スチュワート・パーク／2019年5月25日

Billie
"Billie"
"Billie"

この一曲から始まった

Don’t be that way
Fall apart twice a day
I just wish you could feel what you say
Show, never tell
But I know you too well
Got a mood that you wish you could sell

If teardrops could be bottled
There’d be swimming pools filled by models
Told "a tight dress is what makes you a whore"
If "I love you" was a promise
Would you break it, if you’re honest?
Tell the mirror what you know she’s heard before
I don’t wanna be you...
Anymore

「idontwannabeyouanymore」『dont smile at me』より

2015年11月19日、サウンドクラウドにアップされた「Ocean Eyes」は、予想外のヒットを記録した。

「すごい再生数だと思った。いまでもびっくりしてるよ」

本書の執筆時点で、この曲はサウンドクラウドだけでも3800万回を超える再生数を記録している。ビリーにとって、「Ocean Eyes」のヒットは、間違いなく大きな転機だった。

「『この曲のおかげで人生が変わった』ってよくファンの子に言われるんだけど、大げさじゃない？って思うこともあるよ」

ビリー自身、自分の歌がファンに与える影響の大きさに驚いていた。

「正直、いまだにちょっと変な感じがする。でも、自分が感じたことをほかの人にも感じてもらえるって、すごいことなんだって思えるようになった」

「Ocean Eyes」は海外音楽ストリーミングアプリ〈Hillydilly〉でも話題になり、着実に再生回数を伸ばしていく。また、Apple Musicのラジオ局Beat 1のゼイン・ロウや、公営ラジオ局KCRWのジェイソン・クレイマーといった有名なDJたちも、いち早くビリーの音楽に目をつけ、すぐに自身のラジオ番組で「Ocean Eyes」を取り上げた。

ゼイン・ロウはローリング・ストーン誌のインタビューで、2019年のベストアーティストとしてビリーの名を挙げ、こうコメントしている。

「ビリーは自分たちのヴィジョンをかたちにして届けることを何より大事にしている。だから、リスナーに刺さるんだ。ビリーのつくる曲はクリアで嘘がない。それこそが、若い世代だけじゃなくて幅広い層から支持されている理由じゃないかな」

だが、14歳のビリーを待っていたのはいいことばかりではなかった。ある日、ダンスの練習中に腰を痛めたビリーは、大好きなダンスを続けることができなくなってしまった。ダンサーとしての体づくりが本格的に始まるのは16歳を過ぎた頃からと言われている。14歳で腰を負傷することは、ダンスを続けていくうえで致命的だった。ビリーにとって、踊ることは感情を開放するために欠かせないルーティンだった。ダンスができない日々は、彼女の心に多大なストレスを与えることになる。

「それからの毎日は憂鬱だったよ。真っ暗な穴に落っこちたみたいに」

その言葉どおり、ビリーは精神的に追い詰められていった。しょっちゅうパニックを起こしては、自傷行為を繰り返していたという。

「おかしな話だよね。14歳のビリー・アイリッシュって聞いたら、キラキラしてる私を想像するでしょ？　でも実際には、14歳の私はほんとうにみじめだった」

35th Annual ASCAP Pop Music Awardsにて／カリフォルニア州ビバリーヒルズ、ザ・ビバリー・ヒルトン／2018年4月23日

メジャーデビュー

そんなふうにビリーが苦しんでいるあいだにも、「Ocean Eyes」の人気は高まっていった。

反響の大きさに驚いたフィニアスは、当時すでに彼のマネジャーとして活動していたダニー・ルシカンとブランドン・グッドマンに「ビリーと組んでアーティスト活動をしていきたい」と相談する。もともとフィニアスの才能に目をつけていたダニーは、その提案にふたつ返事で賛成したという。

「『Ocean Eyes』は新たな可能性を見せてくれた。すぐにフィニアスとビリーと彼らの両親に会って、今後のことを話し合ったよ。『これから君たちはどうしたい？』って聞いたんだ」

ダニーの目的は、ビリーが音楽についてどう考えているのかを明らかにすることだった。本気でアーティスト活動を続けていきたいのか、それともただの趣味で終わらせたいのか。

「ビリーにとって、「Ocean Eyes」はスタート地点にすぎなかった。ビリーはまだ13歳だったけど、自分のメッセージを世界に発信したいと望んでいたし、そのための具体的なヴィジョンも持っていた。そして何より、彼女には人を惹きつけるセンスが備わっていたんだ」

「Ocean Eyes」が異例の早さで話題になったことから、ダニーは、ビリーを支えるチームがすぐにでも必要だと考えた。ビリーとフィニアスにとっても、ふたりのマネジャーの存在は大きかった。フィニアスは、ビリーとともに活動を始めるうえで、彼らにマネジメントしてもらったことは最良の選択だったと語っている。「ダニーとブランドンは、ぼくらの創造性を尊重してくれた。お金になるかどうかよりも実績になるかどうかを考えて仕事を取ってきてくれた。いつも、ぼくらのために力を尽くしてくれたんだ」

一方、両親はまだ若い兄妹のスタートに不安を感じていた。マギーは、ビリーが都合よく利用されるんじゃないかと心配していたという。「みんなでビリーを食いものにして、用済みになったら捨てるんじゃないかって考えると、不安でたまらなかった。実際は、そんなことにならなくてほんとうによかったけど」。パトリックもまた、若すぎるビリーのデビューを危惧していた。

「ビリーの人生からは、10代の日々が失われてしまった。あの子は、14歳にして世界を相手にしていたんだ。すばらしいことだけど……まだ若すぎる。ビリーが音楽業界にどっぷり浸かってしまわないように気をつけたよ。だって、とんでもなく貪欲な世界だから」

長いあいだ、俳優として芸能界で苦労してきたパトリックだからこそ、子どもたちのデビューを手放しで喜ぶことはできなかったのだ。

2016年1月、Apple Musicの協力を得たフィニアスは、ビリーを売り出すために、A&R（アーティストのスカウトと育成）を行うPlatoon社と契約を結んだ。ビリーのマネジメントとプロモーションを担当したのは、パブリシストのアレクサンドラ・ベイカー。

ビリーと出会ってすぐに、アレクサンドラは有名ブランドのシャネルとコネクションをつくり、古くからの友人でスタイリストでもあるサマンサ・バークハートにビリーを引き合わせる。サマンサは、初めてビリーに会ったとき、その独自のファッションセンスに心を奪われたという。

その日は35℃の猛暑だったにもかかわらず、ビリーは真っ白でふわふわしたオーバーサイズのジャケットを着て現れたのだ。

Teen Vogue「第14回ヤングハリウッド特集号」のセレモニーにて／カリフォルニア州マリブ、Reel Inn／2016年9月23日

「その姿を見て、自分が『クール』だと思ったらなんでもやる子なんだってわかった。その日の気温なんて、ビリーにとってはどうでもよかったのね！」

サマンサは、スタイリストとしてビリーとかかわっていくうちに、彼女のオリジナリティあふれるファッションがビリーの音楽につながっていると気づいたという。「ビリーのファッションセンスって、あの子の音楽センスと同じなの。ほら、ビリーとフィニアスは家のベッドルームでアルバムをつくってたでしょ？　ビリーにとっては“窮屈じゃないこと”が何より大事なのよ」

2016年3月24日、「Ocean Eyes」のミュージックビデオが公開され、その数カ月後には新曲「Six Feet Under」が発表された。作詞はフィニアス、ミュージックビデオの監督はビリーで、母親のマギーが編集した。

そのころ、ビリーたちはレコード・レーベルを探していた。彼らが何より重視したのは、レーベルの業界内での評判だった。

「契約書にサインしたら人生が台無しになった、みたいな話はよく聞くから」

ビリーが言うように、新人アーティストにとって、レコード・レーベル選びはとても重要だ。選んだレーベルによってその後の人生が決まると言っても過言ではない。そのため、ビリーたちは1年近くかけて数々のレーベルと交渉を重ねた。ところが担当者のほとんどは、いかにも高そうなスーツに身を包んで打ち合せにやってきた。彼らが口にする似たりよったりの「業績自慢」に、ビリーたちはだんだんとうんざりしていった。

レーベル探しにも嫌気がさしてきていた2016年8月、ビリーはダーク・ルームからのオファーを受ける。ダーク・ルームは、インタースコープ・レコードの傘下の新しいレーベルで（インタースコープ・レコードはユニバーサルミュージック・グループの代表的なレーベル）、創業者のジャスティン・ルブリナーは当時まだ27歳だった。

「一回会っただけでわかった。この人は、私の可能性を本気で信じてくれてるって」。ジャスティンと初めて会ったときのことをビリーはこう振り返る。

「私のことを〝天才〟』として扱ってくれたんだ」

ジャスティンが初めてサウンドクラウドで「Ocean Eyes」を聴いたとき、再生回数はまだ数千回だった。インタースコープ・レコードのインターンのひとりが偶然この曲を見つけたのだ。

「曲を再生して、ビリーの写真を眺めた。ぼくのレーダーが反応するまでに1秒とかからなかったよ。彼女こそ、ぼくがずっと探してきたアーティストだってすぐにわかったんだ。彼女と働くためならなんだってしようと思った」

この若き創業者は、ビリーの才能を世にしらしめることこそが自分の仕事だと確信し、ビリーもまた、自分の才能を理解してくれるジャスティンと仕事をすることを選んだ。

NYLONのヤングハリウッドパーティにて（スポンサーはPinkie-Swear）／カリフォルニア州ロサンゼルス／2018年5月22日

敵は「固定観念」

2016年11月18日、ダーク・ルームとインタースコープ・レコードから「Ocean Eyes」が再リリースされた。それにともなって配信された新たなミュージックビデオでは、ビリーのダンスを見ることができる。

ジャスティンは、ビリーの才能をまったく新しいスタイルで発信しようとしていた。ただのアーティストとしてではなく、もっと広い視点からプロデュースすべきだと考えていたのだ。多くの人が、音楽だけではなくビリーのヴィジュアルやオリジナリティに惹かれていているとわかっていたからだ。

それまで、ヒット曲を生み出すためにはまずラジオを味方につける必要があると言われていた。だが、ビリーたちが次に売り出そうとしていたのはスローテンポのバラードだった。「バラードはラジオでは受けない」というのは音楽業界の常識だったが、新プロジェクトではあえてそれに挑戦した。「わが道を行き、常識に逆らい、これまでの音楽業界にはできなかったことを成し遂げるっていう方針をはっきり打ち出したかったんだ」とジャスティンは言う。

インタースコープ・レコードの会長兼CEOのジョン・ヤニックもこう語っている。「ビリーを何かに縛りつけるつもりはない。私は、アーティストには“ヴィジョン”を持ってほしいと思ってる。つまり、自分の望みを自分で理解してほしいんだ」。そしてジョンは、ビリーのことを「まるで大型トラクターだ」と付け加えた。ビリーにはたしかに、14歳にして明確な“ヴィジョン”があった。成熟した魂と独自の視点を持っていた。意志が強く、一度走り出したらぜったいに止まらない——そんな力強さがあった。

だが、世間には「若手のポップ・アーティストはこうあるべき」という固定観念が蔓延している。ユニバーサル・レコードのような大手のレーベルに所属するアーティストであればなおさらだ。そのため、ビリーもほかのアーティストと同じように、レコーディングスタジオに入って曲づくりをすることになった。結局、それは無駄な時間でしかなかったという。

「作曲家やらプロデューサーやらいろんな人が突然やってきて、その人たちと一緒に仕事をするように言われたんだ」

フィニアスは大物づらをする大人たちの自慢話にどう反応していいかわからず、とりあえず「すごい！」とだけ言い、ビリーも横でただうなずくだけだった。「私たちは業界のことを何も知らなかったから、そう言わざるをえなかった」。つまり、ビリーたちにも「それぐらいの分別はあった」のだ。

ビリーいわく、未発表の曲のなかにはひどいものもたくさんあるそうだ。それなのに昔つくった曲をむやみに発表したがる大人たちに対して、ビリーとフィニアスは疑問を抱いている。「昔のあの曲を出そう、この曲を出そう」と言ってくるのだ。

「だめ！　ひどい曲だから！」

ふたりはいつもそう言って、必死になって止めていたという。

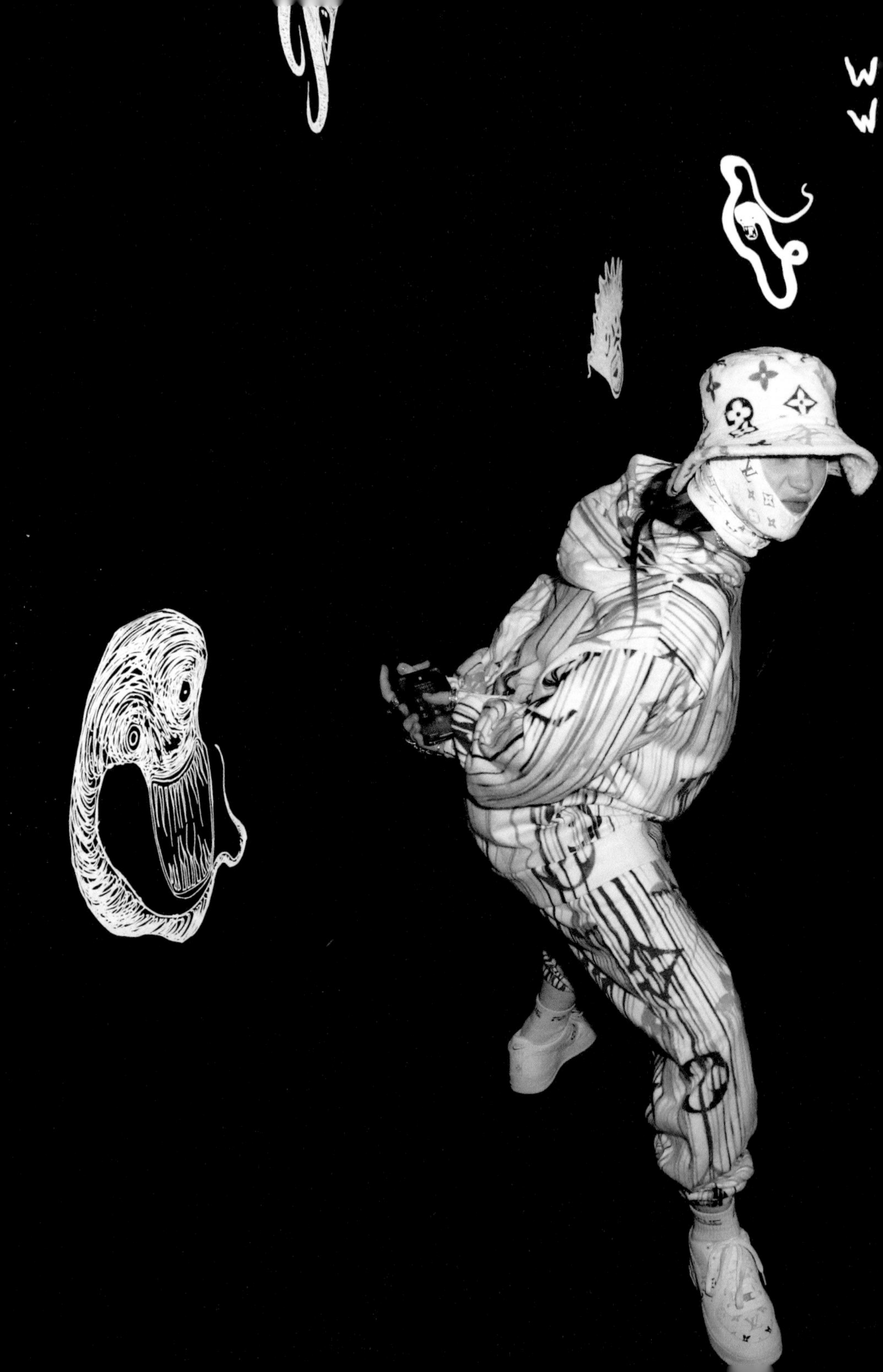

Spotify主催のThe Billie Eilish Experienceイベント／カリフォルニア州ロサンゼルス、SkylightのThe Stall／2019年3月28日

兄フィニアスと帰る場所

ビリーには年齢などなんの価値もない。まだ若いからとか、もう年だからとか、そんなことはどうでもいい。ビリーにとっては、“真実”を語っているか、その時々の感情を素直に表現できているかが大切なのだ。

「いちばんつらかったのは11〜13歳のとき。そう言うと周りの大人たちには『まだ子どもじゃないか』って笑われるけど」と前置きしたうえできっぱり否定する。

「“怖い”とか“気持ち悪い”って感情がはっきり生まれるのって10歳くらい。何かをちゃんと理解しはじめるのもその時期。だからみんな、10代の頃にいろんな感情を経験する」

ビリーは、11歳のときには11歳なりの苦しさを感じ、15歳になってからは15歳なりのつらさを感じてきた。だからこそ、「あなたはまだ子どもなんだから」と言ってくる大人たちが大嫌いだったという。

「11歳の子って、じつは大人よりもずっと多くのことを感じてる。そりゃ、40歳の大人に比べて人生経験は少ないかもしれないけど、子どもは大人と同じようには感じられないっていうのは絶対に間違ってる。私の言いたいこと、わかるよね？」

やがて、ビリーとフィニアスはスタジオでのレコーディングをやめ、自宅のベッドルームに戻った。レーベル側も、いつもの環境で音楽づくりをしたほうがいいものができると気づいたようだ。ふたりはただひたすら歌詞を書き、曲をつくった。歌詞を最初に書くこともあれば、メロディやリズムからつくることもあった。

「やっぱり家がいちばんいいよ。家にいれば昼も夜も関係なく、思いついたときにいつでも作曲できるから」

ビリーが曲づくりに行き詰まったことはほとんどない。

「フィニアスと一緒に何曲もつくってきたけど、『そろそろ新曲をつくらなきゃ』って焦ったことは一度もない。曲自体はだいたい1日でできちゃうかな。つくったあとで、『じゃあ、この曲のメッセージをどうやって世界に発表しようか』って考えるんだ。時間はかかるけど、それがすごく楽しい！」

フィニアスは、ビリーと曲づくりをしながら、ビリーのプロデューサーとしても活躍している。どんなに優れたプロデューサーでも、ビリーのことをすべて理解するのは不可能だとフィニアスは言う。

「ビリーのことをいちばんよくわかっているのも、あの子を心から喜ばせられるのもぼくだけだ。ぼく自身、いままでたくさんのプロデューサーと仕事をしてきたけど、本当の意味で満足させてくれた人はいなかった。だから、ビリーを満足させられるのはぼくだけだって確信してる。ビリーのために、少しも妥協したくないんだ」

フィニアスほどビリーのことを考えている人間はいないだろう。ビリーが嫌な思いをしないか、ビリーがやりたいことはなんなのか、それを成功させるにはどうしたらいいのか……。

「たいていの曲は、ふたりでベッドに座ってつくった。でも、ビリーの名前で発表された曲は、どれもビリーが生み出したものだ。ぼくも協力はしてるけど、すべてビリーの“自己表現”だと思ってる」

フィニアスは、自宅での曲づくりを再開させることになっても、高価なレコーディング機材をそろえようとはしなかった。ビリーの歌声をレコーディングする最適な環境が何かをよく知っていたからだ。

「ビリーの声域は少し特殊なんだ。しかも、ささやき声とハミングの中間のような声質をしてる。選ぶ楽器を間違えるとかき消されちゃうこともあるから、ビリーの声にぶつからない楽器を選ばなきゃならない。たとえば、ベースとか低音のスネアドラムとかね」

ビリーの歌声を録音するときも、ベッドの上でレコーディングする。ビリーはベッドの上に座ったままでも素晴らしい声で歌えるのだ。むしろそのほうがリラックスして彼女らしい歌声が出せるという。

意見がぶつかることもよくあるが、それはふたりの音楽にとってとても大切なことだ、とフィニアスは言う。「ほとんどは曲づくりに関することなんだけど、意見の食い違いでしばらく言い合いになったりする。でもそれは、ぼくらにとって大事な時間なんだ。言い合いを続けてると、そのうちいろんな選択肢が出てきて、どれを選べばいいのか自然にわかってくるから」

St Jerome's Laneway Festivalでのパフォーマンス／オーストラリア、フリーマントル／2018年2月11日

2018 Outside Lands Music And Arts Festivalのメインステージにて／カリフォルニア州サンフランシスコ、ゴールデン・ゲート・パーク／2018年8月10日

グラストンベリー・フェスティバル5日目のステージに立つビリー／イギリス、デヴォン州、Worthy Farm／2019年6月30日

AT&T, a RADIO.COM event主催の第7回Annual We Can Surviveのステージにて／カリフォルニア州ロサンゼルス、ハリウッドボウル／2019年10月19日

AT&T, a RADIO.COM event主催の第７回Annual We Can Surviveのステージにて／カリフォルニア州ロサンゼルス、ハリウッドボウル／2019年10月19日

dont smile at meのワケ

2017年2月に新曲「Bellyache」が配信される。ビリーは、「Bellyache」の制作を通して、曲づくりの楽しさに改めて気づいたという。

「曲をつくってるとき、架空のキャラクターに自分を投影したりほかの誰かになりきったりするのがすごく楽しいって気がついた。「Bellyache」のコンセプトは、罪。この曲の主人公は最後には自分がしたことの重大さを理解する。《すっきりするかと思ったのに、いまはなんだかお腹が痛い》の部分は、『自分が最低の人間だっていうのは一応わかってるけど、あまり気にしていない』ってこと」

その翌月にリリースされた「Bored」は、Netflixで配信されたドラマ『13の理由』のサウンドトラックになった。なんの進展もない関係から抜け出せない状況にインスパイアされたというこの曲には、「退屈」で「つまらない」環境に慣れてしまうことのやるせなさが描かれている。

同年8月には、EP『Don't Smile at Me』がリリースされる。ビリーいわく、このタイトルは彼女の「ありのままの気持ち」だという。

「笑顔が嫌いなんだ。写真を撮るときも絶対笑わない」

「みんな笑いかけられたら笑い返さなきゃいけないって思うみたいだけど、それって、自分の意思とは関係なく『笑わされてる』ってことじゃない？　そんなことを考えながら、このタイトルをつけ

Netflixのドラマ『13の理由』プレミア試写会にて／カリフォルニア州ロサンゼルス、パラマウント・ピクチャーズ／2017年3月30日

深夜番組「レイト×2ショー with ジェームズ・コーデン」に出演／CBS放送／2017年9月20日(12:35 PM-1:37 AM ET/PT)

た」とビリーは語る。収録されている曲は、どれも初期の頃の楽曲と比べて歌詞もメロディも格段に進化している印象を受ける。実際、このEPの評価はとても高かった。昔は曲が暗すぎるとか悲しすぎるとかさんざん言われたという。

「でも当たり前だよね。あのときはまだ、自分のこと全然好きじゃなかったもん」

あの頃のビリーはまだ自分を好きになる方法とか、自分を大事にする方法を知らなかった。「でも、いまはそんなことない」。ビリーは少しずつ、自分をコントロールしはじめているようだ。

2017年9月、ビリーはApple Musicの〈Up Next〉アーティストに選ばれる。〈Up Next〉は同年4月から始まった新人アーティストを支援するためのプロジェクトで、選出されたアーティストはApple Musicでプッシュされるだけでなく、ドキュメンタリー映像をつくってもらえ、それまでのライブ映像などの特別ビデオが配信される。これまでに、プエルトリコのレゲトン（ヒップホップの影響を受けたプエルトリコのレゲエ）歌手のバッド・バニーや、英国で爆発的な人気のルイス・キャパルディなど、数多くの新人アーティストが取り上げられてきた。それをきっかけに、ビリーの存在は音楽業界でも絶対的な存在となっていく。

初のツアー、ホテル代はたった100ドル

翌月、ビリーにとって初めてのツアーが始まった。10日間に及ぶツアーで、ビリーはアメリカじゅうを回った。

マギーとパトリックは仕事を辞め、娘のサポートをするためにツアーに同行することに。ビリーのメンタルを支えるのはマギーの役目だった。一方パトリックは、ときには運転手となり、ときにはライブの演出の手伝いをして、ビリーをサポートしてきた。

そのほかにツアーに参加したメンバーは、フィニアスとツアーマネジャーとグッズの販売スタッフだけだった。ホテルの予算は1泊につき100ドルしかなかったので、一家はひとつの部屋で寝泊まりしていたという。

「モーテルのせまーい部屋で、正直、みじめな気分だった」

ツアーから数週間後、ニューヨークのソーホーにあるシャネルの〈ココ・クラブ〉で、新作の時計「BOY.FRIEND」の発売記念パーティーが開かれた。

ビリーはシャネルのデザインをイメージした黒と金のストリートウェアに身を包み、フィニアスとともに会場で生演奏を披露する。

このイベントは、ファッションアイコンとしてのビリーにファッション業界が注目するきっかけとなった。

その後、ビリーは、グッチやルイ・ヴィトンといったハイブランドとのコラボを果たすことになる。

しかし、世間からの注目が集まる一方で、ビリーはいつも憂鬱な気分を抱えていた。

「やっぱり、いつもすごく苦しかった」

ライブに来たファンの腕に傷があるのを見るたびに、胸が張り裂けそうになったという。
「自傷行為してたのは何年も前だから、私にはもう傷はないけど」と、ビリー自身、過去の自傷行為を認めている。

「あの子たちの気持ちがよくわかる。だからライブで『自分を大事にしてあげて』って言ったんだ」

どんなに成功しようとも、ビリーが繊細な少女であることに変わりはない。家族や多くのファンに支えられてきたが、心にはいつも大きな闇を抱えている。幼い頃からたくさんの問題と向き合ってきた彼女にとって、音楽はひとつの逃げ道でもあり癒しでもあった。
ビリーは、自分の曲を聴いてくれる子たちにとってもそうであってほしいと願っている。ひとりでも多くの悩める若者の心に、自分の音楽が響くように、と。

シャネルの時計「BOY.FRIEND」の発売記念パーティーにて／
ニューヨーク、ソーホー〈ココ・クラブ〉／2017年11月10日

NEL
CHANEL

CHANEL

Fashion Collaboration

第92回アカデミー賞授賞式にて／カリフォルニア州ロサンゼルス、ハリウッド&ハイランド／2020年2月9日

GUCCI

第62回グラミー賞授賞式にて／カリフォルニア州ロサンゼルス、ステイプルズセンター／2020年1月26日

AT&T, a RADIO.COM event主催の第7回Annual We Can Surviveにて／カリフォルニア州ロサンゼルス、ハリウッドボウル／2019年10月19日

GUCCI

グッチ主催のLACMA Art + Filmフェスでのビリー／カリフォルニア州ロサンゼルス／2019年11月2日

The ASCAP 2019 ポップ・ミュージック・アワードのレッドカーペットにて／カリフォルニア州ビバリーヒルズ、ビバリーヒルトン／2019年5月16日

Variety's Hitmakers Brunchでのビリー／カリフォルニア州ウエストハリウッド、ソーホー・ハウス／2019年12月7日

Vanity Fair Oscar Partyでのビリー／カリフォルニア州ビバリーヒルズ、ウォリス・アネンバーグ・センター・フォー・ザ・パフォーミングアーツ／2020年2月9日

LOUIS VUITTON

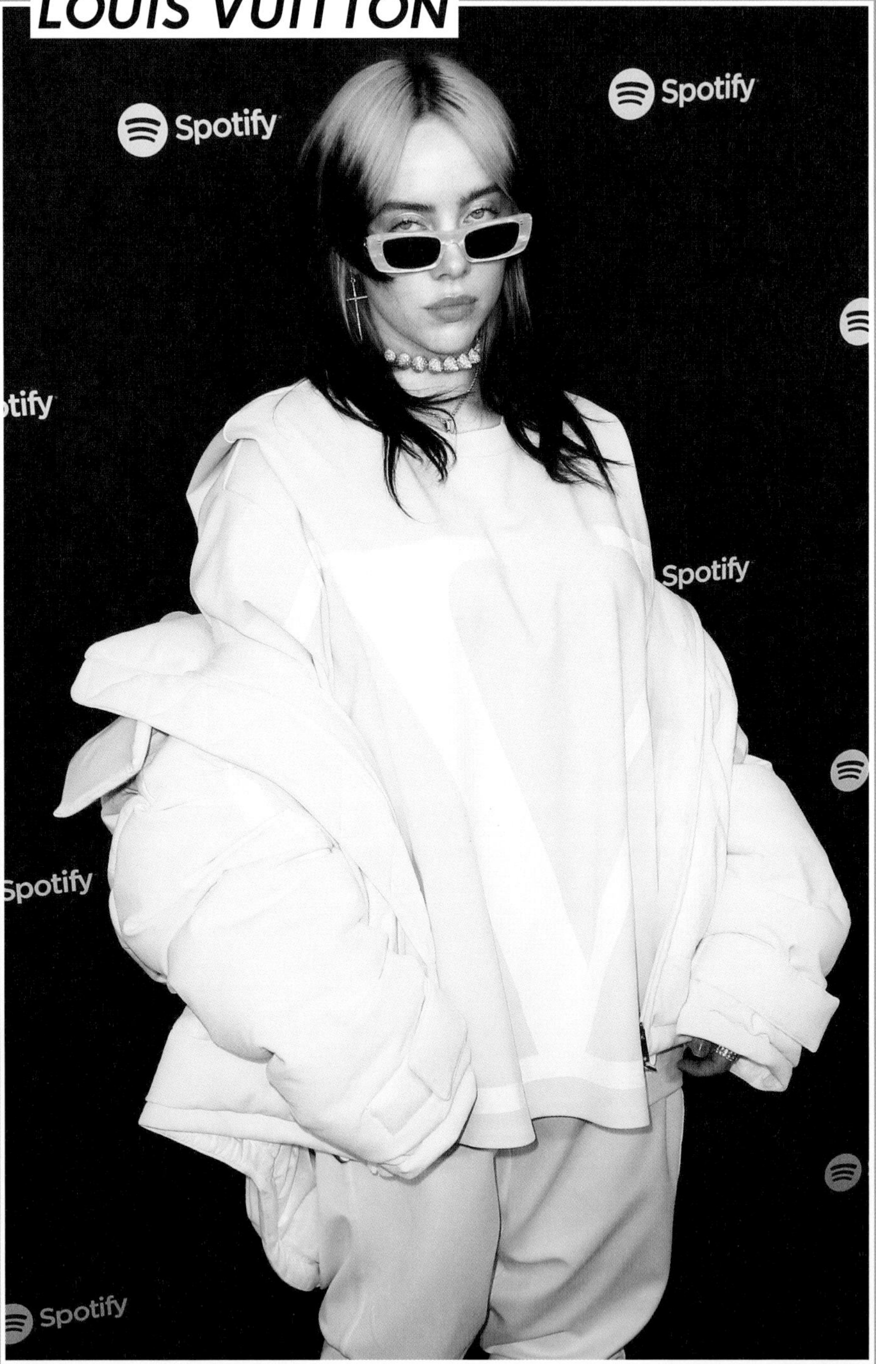

Spotify Best New Artist 2020 Partyに出席するビリー／カリフォルニア州ロサンゼルス、The Lot Studios／2020年1月23日

KROQ Absolut Almost Acoustic Christmasのイベント／カリフォルニア州イングルウッド、The Forum／2018年12月9日

キャピタル・ワン主催iHeartRadio ALTer EGOでのビリー／カリフォルニア州イングルウッド、The Forum／2020年1月18日

Agenda Festivalにて／カリフォルニア州ロングビーチ／2018年6月30日

ユニセフ仮面舞踏会でのビリー／カリフォルニア州ハリウッド、キンプトン・ラ・ピア・ホテル／2019年10月26日

MCM

MCMロデオドライブ店のオープニングイベントにて／カリフォルニア州ビバリーヒルズ／2019年3月14日

PRADA

Billboard's Women In Music 2019に出席するビリー／カリフォルニア州ロサンゼルス、ハリウッド・パラディアム／2019年12月12日

BURBERRY

アメリカン・ミュージック・アワード2019にて／カリフォルニア州ロサンゼルス、マイクロソフトシアター／2019年11月24日

The BRIT Awards 2020のレッドカーペットアライバル／イギリス、ロンドン、O2アリーナ／2020年2月18日

ANIMATION

FOXによるライブ中継「iHeartRadioミュージック・アワード」にて／カリフォルニア州ロサンゼルス、マイクロソフトシアター／2019年3月14日

SiriusXM Studiosにて／ニューヨーク市／2019年9月30日7日

Part 4

バイラルヒットの代償と蘇生

The Cost of Viral Hits, and Revitalization

ファンのおかげで私がいる

アメリカン・ミュージック・アワーズ2019でのライブ／カリフォルニア州ロサンゼルス、マイクロソフトシアター／2019年11月24日

Corona Capital Music Festivalのステージにて／メキシコ、メキシコシティ／2019年11月17日

トゥレット症候群

[ズルズルする音]
ビリー「私の歯の矯正器具《インビザライン》……」
フィニアス「おれは矯正器具《インビザライン》を――」
ビリー「――私もはずしたし……はい。これがアルバムです」
[笑い声]
(「!!!!!!!」 ビリー・アイリッシュ『WHEN WE ALL FALL ASLEEP, WHERE DO WE GO?』より)

2018年2月、ツアー「Where's My Mind」がスタートした。2カ月にわたるツアーが終わると、ビリーは次々と新譜を発表、なかでもカリードとコラボした「lovely」は大きな話題を呼んだ。

カリードは、ビリー同様、サウンドクラウドから有名になったアーティストである。セカンドアルバム『フリー・スピリット』で全米1位を獲得し、一気にスターへの階段を駆けあがった。また、その人柄とファン思いの優しい言動でも知られている。

この曲はNetflixのドラマ『13の理由』セカンドシーズンに使われ、ディスクは100万枚を売り上げ、YouTubeの再生回数は9億回を突破した。

そのほかにも国内外のフェスに参加するなど、精力的に活動を続けたビリーは、8月に来日。SUMMER SONIC 2018でパフォーマンスを披露し、さらに10月にはネクスト・マネージメントとモデル契約を結ぶ。それと並行して、来年に向けてアルバム制作も進めていた。

だが、そんなハードワークの代償がないわけがなかった。

「何をしてても頭がおかしくなりそうだった。窓の外にモンスターが見えたり、ぜんぜん眠れなくなったり」

ビリーの精神と肉体は、限界を迎えていたのだ。

「注目されるのはずっと好きだったけど、有名になるっていうのが実際どんなものなのか、よくわかってなかったんだ。っていうか、わかってる人なんていないと思う」

そばにいてくれる友だちも、遊ぶ時間もない。唯一の支えであるフィニアスでさえ、ビリーにはときどき遠く感じることがあった。

そんななか、YouTubeにアップされたビリーの動画が話題になる。ビリーが首をひねったり、不規則に眉を動かしたりする姿が映し出されている動画だ。11月、ビリーは自身のインスタグラムで「トゥレット症候群」であることを明かした。

「今までこの病気について触れなかったのは、どうせ誰も本気で受けとめてくれないと思ったから……。あと、私を見るたびに、みんなの頭の中で病気が思い浮かぶのが嫌だった」

ビリーの場合、チック症状が出るのは体のほんの一部で、じっと見られないかぎりほとんど気づかれない。彼女自身、自分は軽症だとわかっているようだが、それでも12歳の頃からこの病気に悩まされつづけてきたのは事実だ。

ベルリンのライブハウス「Lido」でのライブ／ドイツ、ベルリン／2018年2月26日

ビリーとカリードのパフォーマンス。コーチェラ・フェスティバルにて／カリフォルニア州インディオ／2019年4月14日

「トゥレット症候群のせいで、なんでもないことがすごく大変になる。でも、小さいときからずっとだから、もう慣れた」

ビリーはタバコを吸ったこともドラッグを使ったこともないと言っている。

「ドラッグって信じらんないくらい簡単に手に入るんだよね。いつもそこらじゅうにあふれてたよ……。でも、そういうものに手を出したことは一度もない。だってなんにも面白くないじゃん。私はただ踊りまわりたいだけなんだ。もう、ダンスできるような場所なんてないけど」

サイコパスな世界観

17歳の誕生日の翌日、ビリーは「bury a friend」のミュージックビデオを発表した。そのミュージックビデオでは、ビリーのカラーでもある「ダークな世界観」が全面に現れている。黒い手袋をはめた何本もの手に振り回され、Tシャツを破られ、背中に無数の注射器を刺されるビリーは、まるでホラー映画の主人公だ。

「自分が無防備でぜんぜんコントロールできないっていうアイデアが浮かんだ。注射針とかさ、フツーに怖いよね」

この頃から、ビリーは人が感じる恐怖に興味を持ちはじめたという。

次に配信された「when the party's over」のミュージックビデオもそのダークぶりが話題になった。真っ白な部屋で真っ白な服を着たビリーが目から黒い液体を流すという、衝撃的な映像だ。このビデオのコンセプトは、ファンが描いた絵がもとになっている。

「私の黒目が流れ出してる絵があって、それ見たとき、正直ヤバいって思った（笑）。でもすぐに、実際につくってみたくなって、チームのみんなにイメージを伝えたんだ。みんな素晴らしい仕事をしてくれたおかげで、最高の出来になったよ」

キャピタル・ワン主催の102.7
KIIS FM's Jingle Ball 2019にて
／カリフォルニア州ロサンゼルス
／2019年12月6日

『When We All Fall Asleep, Where Do We Go?』のリリースイベント／カリフォルニア州サンフランシスコ、ビル・グラハム公会堂／2019年5月29日

ビリーはこれまでもずっと、ミュージックビデオの制作にこだわってきた。たとえば、2018年8月に配信された「you should see me in a crown」のビデオでは、ビリーの体じゅうに何匹ものクモが這う映像が使われているが、撮影の前にクモのことをよく知る人物とのミーティングが行われた。

「クモを飼育しているダイアナっていう女性を見つけたんだ。撮影前にしっかりミーティングした。ダイアナはクモを口に入れるやり方を見せてくれた。顔とか髪の上をクモが這うなんて、クレイジーだよね」

クモと戯れるダイアナを見て、ビリーも実際にやってみたくなったという。それをそのままミュージックビデオにしてしまったのだから、驚きだ。

Billy's Unique Fashion

トーク番組「ジミー・キンメル・ライブ!」出演のためにやってきたビリー／カリフォルニア州ロサンゼルス／2019年3月28日

モンテーニュ通りにて／フランス、パリ／2019年2月20日

アメリカン・エキスプレスとファレル・ウィリアムスが主催した若手アーティスト支援イベント「Yellow Ball」にて／ニューヨーク市、ブルックリン美術館／2018年9月10日

テレビ番組「ジミー・キンメル・ライブ！」の収録に向かうビリー／カリフォルニア州ロサンゼルス／2019年11月21日

ファッションアイコン

2019年2月、雑誌『GARAGE Magazine』でビリーと村上隆が特集された。村上隆は、言わずと知れた日本を代表するポップアーティスト。ビリーは以前から村上隆を高く評価していたという。

「私のチームは村上と一緒に何かするために、ずっと連絡をとろうとしてた。でもいろんなところから入ってくる情報をぜんぜん処理しきれてなくて、村上が何度もダイレクトメッセージを送ってくれてたのに、気がつかなかったんだ」

ビリーの歌声に感銘を受けた村上は、「彼女は、思春期特有の胸が苦しくなるようなとらえがたい感情を生み出している。私もそういう要素を自分の作品に込めたことがある！」とコメントしている。村上は「you should see me in a crown」のアニメ版ミュージックビデオを制作しており、限定版のコラボグッズも発売された。通常バージョンのミュージックビデオではクモがビリーの全身を這うだけだったが、アニメバージョンではビリー自身が恐ろしいクモに変身する。

ビリーの持つ独特な世界観は、村上とコラボすることによってアート作品へと進化したのだ。村上との交流はいまでも続いていて、ビリーは「bad guy」のミュージックビデオのなかでも村上がデザインしたフラワー柄の衣装を着ている。

一流ファッションブランドとストリートファッションを組み合わせるビリーの斬新なスタイルは、ファッション業界からも大きな注

ビリーとジェームズ・コーデン。深夜番組「レイト×2ショー with ジェームズ・コーデン」にて。ビリーの自宅でのロケ。「bad guy」でコラボした村上隆の「フラワー」柄のクッションも。また、この日、ペットのクモも披露した／CBS放送／2019年10月29日

目を集めている。ビリーのスタイリストであるサマンサは、「世界じゅうのデザイナーがビリーと一緒に仕事をしたがってる」と語る。

ビリーのスニーカー好きも有名で、とくにナイキのスニーカーがお気に入りのようだ。

「ナイキのスニーカーの形が気に入ってるんだと思う。最近のデザインよりも大きくて、ほとんどスケーターシューズみたいなのね。いまどんなスニーカーがはやってるのか、スタイリストの私のほうがビリーから教えてもらってるの」

人一倍、窮屈であることを嫌うビリーは、いつもわざとサイズの合わないぶかぶかの服を選ぶ。その理由を「世間に自分のすべては知られたくないんだ。私のスタイルや体型について、何も言われたくない」と語っている。

「スリムだとかそうじゃないとか、お尻が小さいとか胸が小さいとか、誰にも言わせない」

ビリーはそのときの気分で髪色を変える。地毛をほとんど見たことがないほどだ（ビリーの地毛はハニーブロンド）。いまではビリーのアイコンともなっている黒とグリーンのヘアカラーは、大失敗から偶然生まれたものだった。

「新しいアルバムのリリースに向けて髪の色を変えようと思って、

はじめはチャコールグレーにしようとしたんだけど、どういうわけが紫色になっちゃった」

そこでヘアスタイリストが色を抜こうとしたところ、今度は青になってしまった。よりにもよって、ビリーの嫌いな青に（そのあと5カ月はそのままだった）。そのヘアスタイリストはクビになり、ビリーは自分で黒に染め直した。

「そのときちょうど船に乗ってて、うしろから風が吹いて髪がなびいたんだ。そしたらゾーイ（ビリーの親友）が『ねえ、あんたの髪、やばいよ！』って言って写真撮って見せてくれた。見たら、頭のてっぺんの内側だけ紫になってて超不自然でさ」

そこで、ビリーはあるアイデアを思いついた。

「根元だけグリーンで、あとは黒ってどう？」

KROQ Absolut Almost Acoustic Christmasでインタビューを受けるビリー／カリフォルニア州イングルウッド、The Forum／2018年12月9日

保健所Motley Zooから連れてきた子犬を楽屋で抱くビリー／ワシントン州シアトル、WaMuシアター／2018年12月11日

Part 4

恐怖と悪夢

2019年3月29日、ビリーのデビューアルバム『WHEN WE ALL FALL ASLEEP, WHERE DO WE GO?』がリリースされると、すぐに音楽シーンの話題をかっさらい、社会現象になるまでの大ヒットを記録した。暗闇に浮かぶ真っ白なベッドと白目を剥いたビリーの姿が写されたアルバムジャケットは人目を惹いた。

なかでも、「bad guy」はメディアの注目を集め、ビリーははじめて全米ビルボードチャートのトップテン入りを果たす。そのミュージックビデオも話題になり、ビリーが腕立て伏せをするタフガイの背中に乗るという斬新な映像は、いろいろな音楽番組で流された。『WHEN WE ALL FALL ASLEEP, WHERE DO WE GO?』のテーマは「恐怖と悪夢」だった。このテーマにたどりつくためにインスピレーションを受けたものが3つあると、ビリーは言う。

1つは、オーストラリアのサイコ・ホラー映画『ババドック～暗闇の魔物～』。2つめは、Netflixのドラマ『アメリカン・ホラー・ストーリー』。どちらも、不条理な世界を舞台にしたダークなストーリーだ。

そして3つめは、ビリーが12歳の頃から描いているモンスターの絵だ。ビリーは、自分の悪夢に出てきた得体の知れないモンスターをよくスケッチしている。

このアルバムには奇妙でぞっとするような世界観がある。しかし同時に、親しみやすく、健全な雰囲気も感じられる。ビリーは日々の生活のなかで感じたことをのびのびと歌っているが、アルバムを通して汚い言葉は一切使っていない。

　このうえなくダークな感情を探求しながらも、多くの人に受け入れやすい歌詞なのである。これは、ビリーのように傷つきやすく苦しんでいるティーンエイジャーを救うためのアルバムなのだ。

「そういうのはよくないって思う大人もいるけど、自分と同じようにひどい気持ちを抱えている誰かがいるってわかると慰められる。だから、私はリスナーのことをハグするような気持ちで、このアルバムをつくったんだ」

iHeartRadio ALTer EGOでのライブ／カリフォルニア州イングルウッド、The Forum／2020年1月18日

キャピタル・ワン主催102.7 KIIS FM's Jingle Ballでのステージ／カリフォルニア州ロサンゼルス、The Forumにて／2019年12月6日

ワールドツアーとパニック

4月、初めてのワールドツアーとなる「When We All Fall Asleep」が始まると、綱渡りのような日々が続いた。ビリーは毎晩パニックに襲われ、次のライブに向かわなければならないことに次第に耐えられなくなっていく。

「いつまでも宙ぶらりんみたいで、終わりが見えなかった」

あまりにも急激な環境の変化、周囲からのプレッシャー、アーティストとしての新しい自分……そのすべてにビリーは押しつぶされていた。

「ほんとうにひどいうつ状態だった。ひとりでいると、粉々になりそうで。1時間も耐えられないくらいヤバかった」

ひとりにすると何をしでかすかわからないので、ツアー中は必ず誰かがそばにいるようにしていたという。

「おかしいよね。ツアーが始まって1週間しかたってないのに、まるで1年くらいたってるみたいに感じた。めちゃくちゃな1週間だったよ」

ついにどうしようもなくなったビリーは、ツアーの予定を変更して休暇を取ることにする。セラピストのところへ通い、友だちとドライブし、ジャッキー・Oに乗るため、ハイランドパークの厩舎を訪れた。ビリーは、ジャッキー・Oの持ち主と、いつでも自分が乗りたいときに乗れるような契約も結んだ。

スケジュールは組み直され、ビリーのコンディションを保てるようにライブとライブのあいだの休みも増やされた。ビリー専用のベッドルームとシャワーのついた新しいツアーバスが用意され、ビリーの友だちがツアーに同行できるよう追加のバスも手配された。

コーチェラ・フェスティバルからツアーがスタートして7カ月、ビリーは文字どおり世界じゅうを回り、オーストラリア、北米、北欧、ヨーロッパ、メキシコ……19カ国、計66の公演をこなした。

「ツアーはいい感じだよ。キックスケーターを持ってきたから、そこらじゅうを走りまわってる。もう最高。めちゃくちゃハッピーだよ」。ビリーはインタビューの中でそう答えている。

「もう悲惨な状態に戻りたくないから、できるだけ自分にプラスになるようがんばってるんだ」

ビリーは17歳にして、どん底を味わった。それだけではない。そこからなんとか這い上がり、新しい自分になれるよう努力している。

そんなビリーの回復力にマネジャーのデイヴは驚いた。「ビリーはそんな状況でも対処できるすべを身につけたんだ。ビリークラス

コーチェラ・フェスティバルの野外ステージで歌うビリー／カリフォルニア州インディオ／2019年4月20日

になると、普通の生活を送るのはむずかしい。いろいろなバランスを取るのがほんとうに大変になってくる。でもビリーは驚くほど早く回復して、大人顔負けのやりかたで対応してる。まだ17歳だなんて信じられないよ」

そして、どんなときでもビリーの支えとなり、全力でサポートをしている彼女の家族をデイヴは心から信頼しているという。「ビリーのそばにはすばらしい家族がいて、それぞれがちがう役割をはたして協力し合ってる。素晴らしいことだよ」

もうひとりのマネジャー、ブランドンも、ビリーとビリーの家族についてこう述べている。「ビリーはほんとうに運がいい。だってこのツアー中ずっと、あんなに頼りになる家族がそばにいてくれるんだから。若いアーティストにとって、サポート体制が整っているというのは欠かせないことなんだ」

ビリーがどん底から抜け出せたのは、彼女の精神力だけでなく、何より家族の支えがあったからだ。実際に、頼るべき人を見つけられないまま消えてしまう若手アーティストもたくさんいる。全力でサポートをしてくれる家族がいるビリーは、いろいろな意味で強運の持ち主と言えるのかもしれない。

史上最年少でグラミー賞総なめ

2020年1月14日、ビリーが007シリーズ25作目の主題歌「No Time to Die」を手がけることが発表された。これもシリーズ史上最年少での抜擢だ。ビリーとフィニアスはツアーのバスの中で、わずか3日でこの曲を書きあげた。

彼らに渡された台本は冒頭の20ページだけだった。フィニアスはその台本を見て、一気に「No Time to Die」のアイデアが浮かんだという。

「めちゃくちゃすごかったんだ。それがすばらしいヒントになって、曲調も決まった。ぼくらは速攻でデモを録って、ロンドンで完成させたんだ。ハンス・ジマーがオーケストラ用のアレンジをしてくれて、ザ・スミスのジョニー・マーも一緒だった。007シリーズ？　ハンス・ジマー？　ジョニー・マー？　もう驚きっぱなしだったよ」

映画音楽界の巨匠であるハンス・ジマーは、数々の大ヒット映画の音楽を制作している作曲家だ。ビリーとフィニアスはいつのまにか、世界のトップクラスの仲間入りを果たしていた。

第62回グラミー賞で、ビリーは歴史的偉業を成し遂げる。史上最年少で主要部門を総なめにしたのだ。これは、女性初の快挙となった。まさか受賞するとは思っていなかったビリーとフィニアスは、スピーチをまったく考えていなかったという。「ビリーはマジであ然としてたよ。ぼくもそうだったけどね」。フィニアスはその夜のことをこうふり返った。

ビリーの自分の音楽に対する姿勢は一貫している。

「みんなが自分を気に入っても気に入らなくてもどっちでもいい」

じつのところ、ビリーは賞というものにまったく関心がなかった。グラミー賞にノミネートされたときでさえその意義をほとんど見出せなかったくらいだ。マギーとパトリックは、どうして賞が重要なのか、ビリーに何度も教えなくてはならなかったという。

「ふつうはアーティストなら自分の名前の刻まれたゴールドディスクを受け取ったら、うっとりするもんだろ？　でもビリーときたら『こんな盾をもらってどうしろっていうの？』って言ったんだ」

ビリーは授賞式のあと、インスタグラムに5つのトロフィーを抱え（めずらしいことに）満面の笑みを浮かべる姿をアップした。

「5つ、冗談でしょ?」

という言葉とともに。

第92回アカデミー賞授賞式にて／カリフォルニア州ロサンゼルス、ハリウッド&ハイランド／2020年2月9日

ボディシェイミング

2020年3月に行われた「Where Do We Go?」ワールドツアーの初日のマイアミ公演では“ボディシェイミング（体型批判）”に関するビリーのメッセージ動画が公開された。

「私が持って生まれてきたこの体は、あなたが望むものと違う？ あなたは私の体を見たことがないのに、勝手に判断して私を決めつけようとする。なんで？」

そう言いながら服を脱ぎ、下着姿になったビリーの映像はメディアで何度も取り上げられた（現時点で、2020年4月から予定されていた「Where Do We Go?」ワールドツアーは、コロナ感染拡大防止のため中止となっている）。

ダーク・ルームのジャスティン・ルブリナーは、ビリーが幅広い層に支持される理由について、こう語る。

「みんなにとって、ビリーは高校や大学の親友みたいなものなんだ。みんなが欲してるものをビリーは代弁してくれる。だから若い層からの共感が強い」

若者たちはビリーの媚びない態度に惹きつけられ、新しいことにチャレンジする精神に憧れるのだ。
一方で、年齢層の高い人たちからもビリーは高く評価されている。
「大人たちはなんと言っても、ビリーの洗練された音楽性とその発想力には知性と柔軟さを感じる、と評価してる。ビリーの曲はいろんな音楽がミックスされているから、どこか懐かしさを感じるんだ。彼女の曲を聴いた大人たちは、自分たちの好きなアーティストを思い出すんだと思うよ」
ビリーは、家族と、運と、驚くほど早い回復力に恵まれているが、そんな彼女を支えるものとして、あとひとつ欠かせないものがある。それは、ファンだ。ビリーはファンに対して、不思議な感情を抱いている。

「ときどき忘れちゃうんだけど、ファンって友だちなわけじゃないんだ。なんかすごく変だよね。私に会ったこともない人が、私のことを親友みたいに思ってくれて……かと思うと、ファン同士で集まって好き勝手言ったり、ジョークにしたり、冷やかしたりする。でも、思い出したんだ。そういうのって友だちならふつうのことだって。からかったり、陰で笑ったりするのも、その子のことが好きだからだよね」

ビリーの歌やメッセージはいつもありのままの彼女の姿を表している。

「私はファンと友だちみたいな関係でいたいし、そういう関係が変わってほしくない」

あるとき、何人かのファンがビリーの泊まっていたホテルまでついてきたことがある。でも、そのファンが以前も何度か会ったことのある女の子たちだとわかって、ビリーは夜中まで一緒に友だちのように過ごしたという。

「おしゃべりして、笑って、ジョークを言い合って。だらだら喋ってただけなんだけど。私たちは友だちになった。だから、私のライブに来てくれるファンも友だちみたいなもの。ライブをすると、純粋に友だちに再会したって感じる」

2019年のインタビューで、ビリーは「自分の生み出した音楽や成し遂げたことで、いちばん誇りに思っているものはなんですか？」という質問にこう答えている。

「ファンかな。私のファンはほんとうにたくさんいて、新しいものを受け入れる人たちだと思う。『ファンを誇りに思う』って言うと、ファンがいるのは私のおかげだって聞こえるかもしれないけど、そうじゃない」
そしてこう付け加えた。

「ファンのおかげで私がいる」

ニッキー・ミナージュと。YouTube MusicのBillboard Women In Music 2019にて／カリフォルニア州ロサンゼルス／2019年12月12日

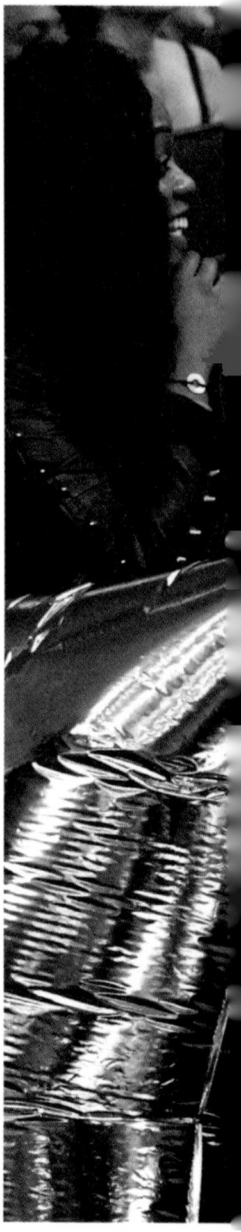

敬愛するテイラー・スウィフトと。FIJI Water and JNSQ協賛Billboard's Women In Music 2019／カリフォルニア州ロサンゼルス／2019年12月12日

アメリカン・ミュージック・アワード2019でのビリーとフィニアス／カリフォルニア州ロサンゼルス、マイクロソフトシアター／2019年11月24日

The BRIT Awards 2020で「最優秀インターナショナル女性ソロ・アーティスト賞」を受賞するビリー／イギリス、ロンドン、O2アリーナ／2020年2月18日

The BRIT Awards 2020授賞式でのビリーとフィニアス／イギリス、ロンドン、O2アリーナ／2020年2月18日

The BRIT Awards2020のステージにて／イギリス、ロンドン、O2 アリーナ／2020年2月18日

2020年、新型コロナウイルス（COVID-19）が世界じゅうで猛威をふるい、世界規模の緊急事態に人々は不安な日々を強いられている。3月17日、ビリーは自身のインスタグラムのストーリーでこう呼びかけた。「実際に感染している人を見たり、コロナの危険を身近に感じることがあまりなくて、いまの状況を理解するのが難しいかもしれないけど……外に出るのはやめよう。無責任な行動は取らないでほしいんだ。もう自分だけの問題じゃないから。パニックになる必要はないけど、無知な馬鹿にはならないで。私が言いたいのは、みんな気をつけてねってこと。確かに危険な状態だけど、クレイジーにはならないで。私たちなら乗り越えられる」

4月18日、チャリティーコンサート「One World : Together At Home」が行われた。レディ・ガガが発起人となり、テイラー・スウィフト、エルトン・ジョン、ポール・マッカートニー、ローリング・ストーンズなど世界を代表するトップアーティストたちがそれぞれ自宅からライブを配信。ビリーはこのライブに自身のホームである自宅のベッドルームから参加し、フィニアスとともにボビー・ヘブの『Sunny』を演奏した。「One World : Together At Home」の全米TV視聴者数は2070万人を超え、総額1億2790万ドル（約138億円）の寄付金が集まった。

2020年4月18日、新型コロナウイルス対策支援のためのバーチャル・ライブ「One World: Together At Home」に出演したビリーとフィニアス。

第62回グラミー賞でのビリー
／カリフォルニア州ロサンゼ
ルス／2020年1月26日

ガバナーズ・ボール・ミュージック・フェスティバル（3日目）でのパフォーマンス　ニューヨーク市ランドールズ・アイランド・パーク　2018年6月3日t

SPOILED
ROTTEN

Marymoor Parkでのライブ／ワシントン州レドモンド／2019年6月2日

ラスベガスのダウンタウンで開催されたLIFE IS BEAUTIFUL Music & Art Festivalでのパフォーマンス／ネバダ州ラスベガス／2019年9月20日

DISCOGRAPHY

Album

WHEN WE ALL FALL ASLEEP,
WHERE DO WE GO?
(2019年3月29日／Darkroom, Interscope)

1. !!!!!!
2. bad guy
3. xanny
4. you should see me in a crown
5. all the good girls go to hell
6. wish you were gay
7. when the party's over
8. 8
9. my strange addiction
10. bury a friend
11. ilomilo
12. listen before i go
13. i love you
14. goodbye

(Japanese edition bonus tracks)

15. come out and play
16. WHEN I WAS OLDER'
(Music Inspired by the Film Roma)

Extended Plays

don't smile at me
(2017年8月11日／Darkroom, Interscope)

1. COPYCAT
2. idontwannabeyouanymore
3. my boy
4. watch
5. party favor
6. bellyache
7. ocean eyes
8. hostage

(Japanese edition bonus tracks)

9. &Burn (with Vince Staples)

(Expanded Edition)

10. lovely (with Khalid)
11. bitches broken hearts
12. bellyache (Marian Hill remix)
13. COPYCAT (Sofi Tukker remix)
14. MyBoi (TroyBoi remix)

Non-Album/EP Singles

Finger's Crossed (2015)
sHE'S brOKen (2015)
Bored (2017)
party favor / Hotline Bling(Drake cover) (2018)
bad guy (featuring Justin Bieber) (2019)
No Time to Die (2020)

Music Videos (As Director)

six feet under (2016)
you should see me in a crown (2018)
xanny (2019)
everything i wanted (2020)

Tour Dates

As Headliner

Don't Smile at Me Tour (2017)
Where's My Mind Tour (2018)
1 by 1 Tour (2018–2019)
When We All Fall Asleep World Tour (2019)
Where Do We Go? World Tour (2020)

As Opening Act

High as Hope Tour – Florence and the Machine (2018–2019)

We love Billie!

著者

Charles Conway（チャールズ・コンウェイ）

イギリス人カルチャージャーナリスト。
カルチャーサイト「PERFORMANCE REVIEWED」の運営、執筆をはじめ、様々な媒体での執筆を行う。
ポップカルチャー、演劇、音楽、ダンスなど幅広いジャンルに精通。
「PERFORMANCE REVIEWED」は「B Beyond Magazine」と「Beyond Blackハードカバーブックシリーズ」と直接提携する発信力のあるサイトだ。

訳者

芝瑞紀（しば・みずき）

青山学院大学総合文化政策学部卒。英語翻訳者。訳書に『シャンパンの歴史』（原書房）、『e-エストニア――デジタル・ガバナンスの最前線』（共訳、日経BP）など。

酒井章文（さかい・あきふみ）

武蔵野美術大学基礎デザイン学科中退。英語翻訳者。訳書に『365日毎日アナと雪の女王7月～12月のおはなし』（共訳、学研プラス）がある。

山本萌（やまもと・もえ）

日本大学大学院芸術学研究科博士前期課程修了。英語・仏語翻訳者、ライター。

BLLIE EILISH

ビリー・アイリッシュのすべて

2020年6月20日　第1刷発行

著者　Charles Conway（チャールズ・コンウェイ）
訳者　芝瑞紀、酒井章文、山本萌
発行者　佐藤靖
発行所　大和《だいわ》書房
〒112-0014　東京都文京区関口1-33-4
Tel 03-3203-4511

アートディレクション　荻原佐織（PASSAGE）
翻訳協力　（株）リベル
校正　メイ
印刷所　凸版印刷
製本　ナショナル製本

© 2020 Liber Ltc., Printed in Japan
ISBN978-4-479-39349-8
乱丁本、落丁本はお取り替えいたします。
http://www.daiwashobo.co.jp/